# Exploda a Crise
# Faça Sucesso

# LAURO TREVISAN

## *Exploda a Crise*
## *Faça Sucesso*

EDIÇÃO DE LANÇAMENTO
- Janeiro 1996 -

Editora e Distribuidora da Mente
Santa Maria - RS - Brasil

Copyright by Lauro Trevisan
Lançamento: janeiro de 1996
Capa: Armandinho Ribas
Direitos reservados: pode transcrever textos isolados, desde que cite a obra e o autor.

**EDITORA DA mente**

**Pedidos:** Editora e Distribuidora da Mente Ltda.
Rua Tuiuti, 1677 - Caixa Postal: 995
97015-663 - Santa Maria - RS - Brasil
Fone: (0xx55) 3223.0202 - Fax: (0xx55) 3221.7184
E-mail: mente@laurotrevisan.com.br
Internet: www.editoradamente.com.br

# PORQUE GARANTO O SEU SUCESSO

Sucesso não é sorte e nem privilégio.
Deus lhe deu inteligência para que você promova o seu sucesso.
Pela inteligência, você exerce o poder criador.
Seu poder criador se expressa em forma de desejos, metas, sonhos grandiosos, objetivos, ideais, projetos.
Desejar algo é muito fácil. O problema está na realização. Aí é que a maioria dos sonhos vão por água abaixo.
Até aqui você talvez nem tenha deixado seus projetos saírem do papel, por julgá-los impraticáveis. Simplesmente alegou que não tem condições de materializá-los e ficou por isso mesmo.
Pode ser que tenha estabelecido uma meta e se jogado na luta com armas e bagagens para atingi-la. Virou, mexeu, batalhou, e acabou na maior desilusão.
É provável, até, que atualmente você esteja metido em empreendimento que não prospera e tenha que passar o tempo todo apagando incêndios. Se usa seu tempo só para resolver situações urgentes, quando sobrará espaço para

cuidar das coisas importantes da empresa? Em face disso, por certo você chega à conclusão de que tudo é difícil, complicado, não vale a pena.

Afinal, existe algum caminho novo e desconhecido para o sucesso?

Os que navegam no êxito são detentores de algum segredo que não é dado ao comum dos mortais?

O que posso afirmar-lhe, desde já, é que todo ser humano foi feito para o sucesso. Ninguém foi criado por Deus para o fracasso e o sofrimento.

Sucesso é o legítimo destino do homem.

Por que garanto o seu sucesso? Como posso assegurar que, a partir de agora, você vai ter sucesso?

Acompanhe-me.

## TODO PROJETO JÁ CONTÉM A MATERIALIZAÇÃO

Quando Deus criou o ser humano, não deixou nada incompleto. Fê-lo perfeito, à sua imagem e semelhança, como diz a Bíblia.

Se Deus deu ao homem o poder de criar algo, indubitavelmente deu-lhe o poder de realizar esse algo. É decorrência natural que se impõe por si mesma.

> Sucesso é o legítimo destino do ser humano.

É verdade corriqueira que toda pessoa tem poder de criar idéias, projetos, programas, metas, ideais, objetivos, sonhos maravilhosos. Se pudesse criar na mente e não pudesse tornar realidade, ficaria flagrada uma falha odiosa por parte do Criador. Neste caso, Deus seria incompetente, por ter dado à criatura humana o poder de criar e não saber dar-lhe o poder de realizar o seu ato criador; ou seria sádico, porque, sabendo que ao dom de criar corresponde necessariamente o dom de materializar o ato criador, ter-se-ia omitido, relegando ao ser humano o sofrimento, a frustração, o desengano, o desencanto e o fracasso. E, finalmente, teria mentido, porque diz que fez o homem à sua imagem e semelhança, quando o sofrimento e o insucesso nada têm de divino.

Ao poder de criar segue-se obrigatoriamente o poder de materializar.

O milagre mais estupendo não é a materialização do pensamento, mas a capacidade de criar pensamento a partir do nada. Ao gerar uma idéia, você produziu um incrível milagre, porque do nada nasceu o seu pensamento.

Se você fez o mais difícil, é lógico que fará o mais fácil.

Tudo que você puder criar na mente, por mais fan-

---

**Ao poder de desejar segue-se necessariamente o poder de materializar.**

tástico que seja, pode concretizar.

Como escreveu Orison Marden: "A alma obtém tudo que conceber e realmente desejar". (Os Milagres do Pensamento).

O sucesso é precisamente a clarificação dessa verdade: "Você tem o poder de realizar tudo que quiser".

Todo sucesso é efeito da causa mental.

Dizia o Mestre: "Tudo é possível àquele que crê". Realmente, tudo é possível àquele que crê que tudo é possível.

Vamos, tire da gaveta seus projetos, que garanto a realização.

## VOCÊ PODE

Saiba, desde logo, que o sucesso não requer cultura máxima, experiências científicas, treinamentos exaustivos, carradas de sorte, imensa capacidade de investimento, caminhos abertos, apoio logístico.

Tudo isso é bom, mas não é condição indispensável.

A base definitiva do sucesso é acreditar nele.

O filósofo norte-americano Ralph Waldo Emerson afirmou: "Vencem os que acreditam que vencerão".

O grande filósofo grego Aristóteles, que viveu apro-

---

> A base definitiva do
> sucesso é acreditar nele.

ximadamente 2.300 anos antes de Cristo, garantiu: "O que você espera que aconteça, acontece".

Emerson disse, certa vez: "Nenhuma aptidão, nenhum auxílio, nenhum treinamento, será capaz de compensar a falta de fé".

A força mais irresistível que conduzirá você ao sucesso, mais poderosa que os auxílios, os treinamentos e os dons naturais, é acreditar no objetivo.

É por isso que garanto o seu sucesso.

O simples fato de abalançar-se a ler esta mensagem, demonstra que você acredita numa grande virada da sua situação, admite que o seu caso tem solução e, acima de tudo, que você pode alcançar o maior sucesso da sua vida.

Em frente, que no âmago de cada página está o impulso que lhe faltava.

Vire a mesa, vire as idéias, derrube os bloqueios, que o sucesso o espera de braços abertos.

Pode quem pensa que pode.

Os outros puderam, você também pode.

A fé remove montanhas e tudo alcança.

Você pode. Sem dúvida.

# ÍNDICE

| | |
|---|---:|
| Porque garanto o seu sucesso | 7 |
| Afinal, o que é sucesso? | 15 |
| Sucesso é o único caminho | 21 |
| Limpe o terreno para o sucesso | 25 |
| Administre o fracasso | 52 |
| Antes de tudo, ocupe seus espaços vazios | 66 |
| Os três passos do sucesso | 70 |
| Fundamental: pense sucesso | 78 |
| Poder da mente para o sucesso | 83 |
| Use a imaginação | 91 |
| Trabalhando para o sucesso | 98 |
| Qualidades do sucesso | 107 |
| Atitudes do sucesso | 115 |
| Segredos do sucesso | 129 |
| As regras do vendedor de sucesso | 137 |
| Crie a sua marca pessoal | 148 |
| Sucesso com felicidade | 154 |
| Sucesso com saúde | 156 |
| Sucesso com amor | 162 |
| Seja um sucesso | 169 |

# Capítulo 1

## AFINAL, O QUE É SUCESSO?

Se você pergunta o que é uma estrela, há que aclarar se se trata de estrela do céu ou estrela de cinema.

Sem saber o que significa sucesso, pode-se estar falando linguagem diferente.

Sucesso é realização plena, por meios positivos, de determinada meta positiva.

Diz o dicionário Aurélio Buarque que sucesso é bom êxito, resultado feliz.

Sucesso exige resultado preestabelecido.

Se você projetou faturar um milhão de reais mensalmente, e alcançou o objetivo, obteve sucesso.

Sucesso não é sinônimo de fama. Esta significa aclamação pública, prestígio, aplauso, admiração. Quanto maior a dimensão do público ovacionante, maior a fama. O número de fãs e admiradores determina o grau da fama. Não há fama sem séquito de prestigiadores.

Sucesso é objetivo alcançado.

Fama é prestígio alcançado.
O sucesso satisfaz, a fama fascina.
Fama é projeção.
Sucesso é resultado.
Sucesso é necessidade vital, essencial.
Fama é prescindível.
Sucesso com fama pode melhorar muito a performance dos resultados.
Fama com sucesso também dá certo. Porque o sucesso dá consistência à fama.
Sucesso é sempre essencial, fama não.

## O VERDADEIRO SUCESSO

Sempre que você se determinou um objetivo positivo e o alcançou por meios honestos - obteve sucesso.
Sucesso, pois, é o efeito positivo de uma causa positiva, por caminhos positivos.
A palavra sucesso determina fato consumado.
Não se pode falar de sucesso se você ainda não conseguiu o objetivo proposto. Sucesso é resultado, lembre-se bem.
Mesmo que se diga que alguém é um sucesso, a

---
**Sucesso: meta positiva
alcançada por meios positivos.**
---

afirmação é baseada em resultados obtidos.

Para completar, sucesso sempre diz respeito a uma realização positiva.

Se alguém projetou incendiar a casa do inimigo e conseguiu, não pode dizer que houve sucesso, mas apenas que realizou seu malfadado intento.

Por que não houve sucesso?

Primeiramente, porque não foi alcançado resultado positivo e nem benéfico, para ninguém, já que redundará em ódios, condenação, mal-estar, punição, culpa. O mal atrai o mal, conseqüentemente os resultados, longe de serem benéficos, serão prejudiciais e negativos. O que é negativo e prejudicial atenta contra a pessoa, logo não se pode chamar de sucesso.

Em segundo lugar, porque os meios usados foram hediondos, maldosos.

Os meios para a obtenção do sucesso necessariamente serão positivos, justos, honestos, corretos.

Já dizia o Mestre: "Nenhuma árvore má produzirá frutos bons".

Diz a Filosofia: "Os fins não justificam os meios". Significa que não se pode utilizar processo escuso, injusto, nefasto, para se chegar a um fim bom. Não se pode, por

**Os caminhos positivos
são ilimitados**

exemplo, roubar dinheiro de um cidadão para construir casa própria.

Os caminhos positivos e justos para alguém atingir seus objetivos são ilimitados.

Para tanto, Deus deu inteligência, capacidade, dons, vontade, sabedoria, intuição, clarividência, poder interior. Acrescente-se a experiência, o estudo, o aprendizado, a cultura, a especialização, os modelos existentes, os ensinamentos. Mais a fé, a força interior, a determinação. E, ainda, o auxílio humano e a corrente cósmica que favorecem e facilitam.

Meios positivos e benéficos existem aos milhões. São inesgotáveis.

Quando a mente consciente não vê o caminho, invoque-se a Sabedoria Infinita e o Poder Divino, imanentes em toda criatura humana, e os resultados serão infalíveis.

Você verá, mais adiante, como isso funciona.

Muita gente se ilude pensando que consegue sucesso definitivo por meios escusos, como violência, injustiça, intriga e desonestidade.

Propor-se, por exemplo, ser presidente da república e consegui-lo por meio de fraude, violação das urnas, chantagens, ameaças, sabotagens, não é sucesso, porque este exige que o objetivo seja atingido por meios positivos. No caso, o que ocorreu foi uma usurpação.

Como, pela lei da mente, o que se planta se colhe, usurpação produz usurpação.

Tudo que é falso, cai na desgraça, mais cedo ou mais tarde.

Toda mentira morre por si mesma.

A falsidade, a fraude, o roubo, o calote, a injustiça, a violência, são, além de tudo, fruto da incompetência e esta é anti-sucesso. O incompetente pretende sempre tapar o sol com a peneira. Tempo perdido.

É bom lembrar que todo ato se paga a si mesmo: maldade produz maldade.

Há uma frase consagrada na sabedoria popular que diz assim: "Ninguém pode enganar muitos por muito tempo".

Os assaltantes, bandidos, seqüestradores, ladrões, caloteiros, enganadores, fatalmente acabarão caindo na vala comum dos desgraçados.

Talvez você tenha a equivocada crença de que, para subir na vida, é preciso passar os outros para trás, porque o mundo é dos espertalhões. Examine a vida dos que assim pensam e procedem e se surpreenderá em saber que todos são literalmente fracassados. Sim, porque o mal nunca pode produzir o bem, a sombra jamais ofuscará a luz do sol. Descaminho não é o caminho.

---

**Para não perder tempo e dinheiro, acerte, desde já, o caminho do sucesso.**

---

Fora do verdadeiro caminho do sucesso sobra o ilusório, o provisório, a frustração.

Seguir por essa rota é perda de tempo.

É bom compreender que não estou falando a linguagem da religião: falo em termos de leis universais, criadas pelo Infinito, que regem irrevogavelmente a vida humana. São leis que se cumprem por si mesmas, quer a pessoa saiba ou não, acredite ou não, queira violá-las ou não. São leis como as da física, da química, da eletricidade. Se você puser água no fogo, ela vai ferver, quer você saiba ou não, admita ou não, acredite ou não.

Para não perder tempo e vida, acerte, desde já, o caminho do sucesso.

Por ora, saiba que o verdadeiro sucesso depende de quatro fatores:

1) Deve existir um objetivo.

2) O objetivo deve ser positivo e benéfico.

3) Os meios serão justos, honestos, corretos.

4) O resultado obtido será positivo.

# Capítulo 2

## SUCESSO É O ÚNICO CAMINHO

Sucesso é a fusão entre querer e ser, desejar e ter, criar e realizar, pedir e receber.

Sucesso, pois, é o único caminho. Tudo o mais é descaminho.

O ser humano foi feito para o sucesso. No seu verdadeiro caminho, só pode existir sucesso.

Como ensina a Bíblia: "Formarás os teus projetos, eles terão feliz êxito, e a luz brilhará em teus caminhos". (Jó, 22,28).

Quando ocorrer qualquer frustração ou fracasso, houve desvio do verdadeiro caminho.

Em outras palavras, toda criatura humana que vive a sua legítima realidade, vive o sucesso.

É como o trem: sempre chegará ao destino. A não ser que descarrile.

Deus criou o mundo pelo desejo e pela palavra. E o mundo foi feito. Sucesso total.

Você é da espécie divina, portanto o seu desejo e sua palavra criadora têm o poder de produzir o efeito correspondente.

Posso aqui invocar a parábola bíblica da criação do mundo. Deus criou o mundo em cinco dias, depois criou seres à sua imagem e semelhança e então, diz a Escritura, Deus descansou. Nada mais criou. Significa que, a partir desse momento, pertence a esses seres, detentores do Poder Divino, continuarem a obra da criação de um mundo cada vez melhor.

Na verdade, a criatura humana prosseguiu a obra da construção do mundo. Você vê edifícios, carros, aviões, aparelhos eletrônicos, usinas, máquinas, equipamentos de todo tipo, utensílios, produtos, todos resultados do poder criador humano.

O exercício do poder criador e o resultado obtido, são o melhor argumento de que o sucesso é da essência humana. Somente o sucesso lhe diz que está agindo como filho de Deus.

Toda frustração, fracasso, desilusão, engano, é descaminho.

---

**Você foi feito para o sucesso e jamais sentir-se-á bem enquanto não o alcançar.**

---

A frustração é resultado do mau uso da dimensão divina existente na criatura humana.

Fracasso não é impossibilidade de obter os resultados desejados, mas apenas o uso incorreto do poder interior.

Graças a Deus, você foi feito para o sucesso e jamais se sentirá bem enquanto não o alcançar.

Você, o seu pensamento e a realidade, são uma trindade indissolúvel. Exigem-se.

O seu pensamento é seu ato criador. Tem o poder do Faça-se.

Se o seu pensamento for negativo, frustrante, a realidade será frustrante.

Neste caso, estará usando a sua divindade de forma indevida.

Isto é possível, porque Deus lhe concedeu o dom da liberdade.

O mundo material é sempre efeito do mundo mental.

Ralph Waldo Emerson (1803-1882), pensador, poeta e filósofo, escreveu: "Causa e efeito, meios e fins, semente e fruto, não podem ser separados, pois o efeito já está contido na causa, o fim de antemão nos meios, o fruto na semente".

Como o ser humano é originário de Deus, o único

---

O caminho atrai o caminhante.
A vida está a seu favor.

---

caminho é o bem, o bom, o útil, o aprazível, o benéfico, o agradável, o delicioso, o justo, o prazeroso, o saudável, o sucesso. O resto é desvio de rota.

Se você foi feito para o sucesso, deseja o sucesso e busca o sucesso, nada de diferente pode acontecer.

O caminho atrai o caminhante, por ser largo, simples, fácil, aberto, agradável, benéfico.

O descaminho é difícil, complicado, sofrido, íngreme.

A vida, portanto, está a seu favor, e não o contrário como muitos pensam.

Ser bem-sucedido é da essência humana. É necessidade vital.

A sua realidade intrínseca conspira sempre a seu favor.

# Capítulo 3

## LIMPE O TERRENO PARA O SUCESSO

Antes de tudo, você precisa acreditar fervorosamente que pode ter sucesso, que o sucesso está à sua espera. E, ainda, que não há limite para o seu sucesso.

Comece limpando o seu terreno. Deite fora as ervas daninhas do pessimismo.

O pessimista anda sempre de costas para o sucesso. Este está lá na frente, mas o pessimista caminha para trás. Jamais se encontrarão.

O pessimista é daqueles que filosofam assim: "Se alguma coisa pode dar errado, acaba dando". E é isso que vai acontecer, não porque a filosofia dele esteja certa, mas porque acontece aquilo em que alguém acredita.

A limpeza do terreno mental exige que você jogue fora todas as crenças negativas em relação ao sucesso.

Em primeiro lugar, chegue à certeza de que você é essencialmente capaz de obter sucesso, seja qual for a meta.

Pode ser que você tenha recebido enorme carga negativa, desde que se conhece como gente. A cada programação negativa subconsciente você foi ficando menor, até chegar a esse tamanhinho de quem acha que não é de nada, não sabe nada, não pode nada.

Nós somos feitos e movidos, não tanto por verdades, conhecimentos científicos, sabedoria, mas por crenças. Todas as razões que você alega para dizer-se incapaz de êxito, não passam de crenças fixadas na sua cabeça.

Você pode estar sugestionado por inúmeras crenças negativas, que impedem seu sucesso.

Lembre-se que crenças são apenas crenças. O único fundamento delas está na sua cabeça. No entanto, é de pasmar como você as leva a sério, como se fossem verdades ditadas pessoalmente pelo Pai Eterno.

Há, por exemplo, os que acreditam que não têm capacidade para o sucesso e que este se dá bem apenas com os gênios. Essa crença pode ser fruto do negativismo ou fracasso dos seus pais, irmãos, avós, vizinhos, amigos, conhecidos. Falaram tanto dos azares e fracassos, que você acabou acreditando que é a sina humana. Tornou-se crença sua.

Quem sabe lá, tenham chamado você inúmeras vezes de quadrado, idiota, cabeça-dura, ignorante, a ponto de

---

**Somos movidos, não tanto
por verdades, mas por crenças.**

---

você acabar acreditando. Esta crença tornou-se sua verdade.

Percebeu que essa verdade sua não passa de mera crença metida na sua massa encefálica?

A legítima verdade é que você é filho de Deus, imagem e semelhança divina, dotado de Sabedoria e Poder Infinito, capaz de realizar todos os seus desejos, por mais impossíveis que pareçam.

Você tem a inteligência dos grandes gênios.

Você não é menos que ninguém.

Você é tão capaz quanto os homens mais bem-sucedidos do planeta.

A grande diferença é que a sua crença a respeito de si mesmo é pessimista e a dos exitosos é otimista.

Os grandes homens, enquanto não acreditaram em si, nada foram.

Também, enquanto nada ou pouco sabiam de si, nada ou pouco foram.

Homens famosos, como Thomas Alva Edison, grande inventor; Albert Einstein, cientista da teoria da relatividade; General Mark Clark, extraordinário Comandante Aliado da Última Guerra; São João Vianei, padroeiro dos párocos; Abraham Lincoln, renomado presidente norte-americano e tantos outros homens célebres, não foram nenhum talento

> Cada um acredita no que quer: acredite que pode.

na escola. Pelo contrário.

Varra da sua mente a idéia de que você não tem talento. Tem. Infinito. Sem dúvida.

Cada um acredita no que quer: acredite na sua potencialidade.

## NÃO SE JULGUE AZARADO

Para desculpar-se ou não, muitos justificam o péssimo desempenho na vida alegando falta de sorte, azar, destino, desígnio de Deus.

A vida humana e o universo são regidos por leis criadas por Deus.

Não existe azar, nem sorte, nem acaso, nem urucubaca, nem destino.

A mente comanda a vida e os resultados da vida.

Mente positiva - vida positiva.

Mente negativa - vida negativa.

O pensamento é a causa - a vida, o efeito.

Se acredita no sucesso - colherá sucesso.

Se crê no azar - terá azar.

A lei é esta: o que você planta na mente, colhe na realidade.

Limpe da mente toda essa crença de azar, destino, falta de sorte e coisa que valha.

## OS PROBLEMAS NÃO SÃO MAIORES DO QUE O SEU PODER

Não são poucas as pessoas que se julgam sufocadas pelos problemas. Vêem-se num beco sem saída. Ficam girando em torno dos seus problemas, como o cachorro que passa o tempo todo querendo morder o próprio rabo.

É claro que, se você olha só os problemas, existirão apenas problemas. Para o sapo que vive no brejo, a vida não passa de brejo.

Assim como o planeta não é apenas um minúsculo brejo, da mesma maneira sua vida não é apenas seus problemas.

Ponha na mente que nenhum problema é maior do que a sua capacidade de resolvê-lo. Nem mesmo a soma de todos os seus problemas é maior que o seu poder.

Talvez você imagine que os problemas são insuperáveis. Ora, isso nada mais é do que imaginação.

Pode ser até que use toda a sua inteligência e todos os seus atributos de análise para chegar à conclusão de que seus problemas não têm solução. Ainda assim lhe digo que, na verdade, não usou mais do que dez por cento da sua sabedoria e zero por cento da intuição. O que eu quero

> **Existem muito mais possibilidades do que você imagina.**

assinalar é que existem muito mais caminhos na sua vida do que esses cinco ou seis que você os vê bloqueados. Portanto, nunca diga não, nunca desista, nunca morra no muro das lamentações.

Há uma história narrada na Bíblia que pode ajudá-lo a entender o que estou dizendo. Havia uma guerra entre os filisteus e os israelitas. Do lado dos filisteus aparecia, todos os dias, um imenso gigante, chamado Golias, que desafiava qualquer guerreiro adversário. Os israelitas estavam amedrontados, porque não tinham ninguém à altura do gigante Golias. Até que, certa vez, apresentou-se aos generais israelitas um jovem franzino, chamado Davi, disposto a guerrear com o gigante. Diante do pasmo dos generais, afirmou que, com sua funda, liquidaria o gigante. Autorizado o combate, apareceu o gigante que, ao ver aquele magrela, riu, ridicularizou, blasfemou e avançou como quem vai amassar uma borboleta. Davi girou rápido sua funda e jogou violentamente a pedra na testa do gigante, prostrando-o definitivamente.

Conclusão: sempre existe solução para cada situação.

Abandone, neste momento, a crença negativa e paralisante de que os seus problemas são maiores do que você. Não são. De forma alguma.

Se a humanidade fosse esbarrar em problemas, o avião - mais pesado que o ar - não existiria, nem o foguete espacial, nem o homem teria posto os pés na lua, e praticamente nada teria sido inventado.

## VARRA AS CRISES DA SUA MENTE

Não há nada que prejudique mais o progresso do que falar, pensar e acreditar em crise.

A palavra crise contém veneno paralisante. Além disso, é de efeito hipnótico. Você vai ouvindo comentários sobre crise, notícias de crise, relatos sobre crise e essa palavra fica zoando na sua mente, a ponto de ser acolhida pelo seu subconsciente. Como tudo o que o subconsciente aceita como verdade, executa, você acaba mergulhando na inércia.

Quem acredita em crise, vive em crise.

Tudo na vida tem dois lados. Por exemplo, existe a luz e a escuridão.

Crise é o lado escuro.

Se você permanece na parte escura, dirá que tudo é escuridão. Resultado: fica tolhido, sem rumo, esperando que a escuridão desapareça. Mas, a escuridão não vai desaparecer. Você é que deve sair da escuridão e ir para a luz.

Como sempre existe lugar escuro, sempre você ouvirá a cantilena da crise. Basta, no entanto, dar uns passos à frente e encontrará a luz e os seus caminhos estarão iluminados.

**Saia da crise. Crie.**

Pode ser, por exemplo, que, onde você está, não vende pipocas. Ao invés de queixar-se e ficar sentado, experimente vender na saída dos colégios, nas praças, diante dos circos, nos parques de diversão. Use a criatividade.

O pescador não dorme na canoa porque naquele lugar não dá peixe. Ele pega o remo e vai experimentar noutro ponto do rio.

Saia da escuridão. Busque a luz.

Saia da crise. Crie.

Se você nada mais faz do que está fazendo, conseguirá apenas o que está conseguindo.

Crie e verá os resultados positivos da sua criatividade.

Pronto, agora você limpou mais uma erva daninha. Logo, logo, seu terreno mental estará preparado para o sucesso.

## ESPANTE OS FANTASMAS

Os fantasmas não habitam apenas as casas assombradas e os filmes de terror. Tem muita gente que hospeda fantasmas na sua própria casa mental.

- O que é um fantasma? - perguntaram a uma criança.

Ela pensou e respondeu:

- É alguém que se parece com alguém, mas não é ninguém.

Será que você convive com fantasmas?

Conheço muitas pessoas que criam fantasmas, têm medo deles, mas não os mandam embora.

- Do que está falando? - perguntará você, já apavorado com tanto fantasma.

Olha, toda vez que você prende sua mente a recordações negativas, dolorosas ou macabras, está aliciando fantasmas. Está trazendo para o seu sótão mental personagens e situações do passado, que já não existem mais na realidade. São os seus fantasmas domésticos.

Suba a velha escada empoeirada da sua mente e talvez topará de cara com os fantasmas de algum fracasso, de um sócio que o logrou, de alguém que não lhe pagou devidamente, do ex-marido que não lhe dá a pensão estipulada, da ex-esposa que quer explorá-lo, do patrão que despediu você, do vizinho que não cumpriu o combinado, do sujeito que não lhe paga o aluguel, do negócio malfeito, da dívida insuperável, do projeto que não saiu do papel, da colheita perdida, do caminhão que sofreu acidente, e por aí afora.

Lembre-se que tudo que aconteceu no passado é passado. Ora, se já passou, não existe na realidade. Se você os aprisiona na cabeça, está criando fantasmas.

Agora me diga: Vale a pena sofrer por causa de fantasmas?

- Não, mil vezes não - responderá você.

**Nova vida desde hoje.**

Então, meu amigo, minha amiga, abra as portas da memória e enxote para fora essa legião malévola, que está sugando sua alegria e barrando seu caminho do sucesso. Varra a sua mente, para que não fique nem rasto dessa corja, que só faz você sofrer.

O pior de tudo é que esses fantasmas eram tão espertalhões que nunca se apresentaram como tais e sim como realidades da vida. Pura trapaça!

Fizeram você sofrer tanto durante tanto tempo, sem necessidade; sim, sem necessidade, porque estava sofrendo por algo que não existe.

Mais do que isto: fizeram você gastar uma nota preta com médicos, tratamentos, comprimidos, estimulantes, soníferos, coisas assim.

E, ainda, acabaram paralisando você de medo.

Abaixo os fantasmas do passado!

Varra esse terreno mal-assombrado, expulsando definitivamente todos os fantasmas.

Comece nova vida. Nunca é tarde demais.

Proclame a sua libertação agora mesmo.

Recorde que a vida é hoje, aqui e agora.

Este é o seu ponto de partida.

A partida para o sucesso e a auto-realização.

## DESCARREGUE O SEU FARDO

Continuamos o processo de limpeza mental para que você tenha todas as energias voltadas para o sucesso.

Não creio que seja exagero dizer que todos os males que afligem a sua vida advêm de você não os descarregar da mente.

Aquele homem que fez mau negócio; a mulher que foi prejudicada pelo marido; a moça que foi mal no vestibular; o rapaz que levou um fora da namorada; o sujeito que capotou o carro; o industrial que levou uma porrada do Fisco; enfim, todo sofrimento, de qualquer natureza, está baseado em fato já ocorrido e, portanto, existe apenas na mente.

Pensando bem, é total falta de inteligência ficar ruminando e sofrendo os percalços da vida, pela simples razão de que a pessoa está sofrendo o nada, uma vez que o passado não existe.

O problema é que, mesmo não existindo na realidade, o mal é conservado na mente. Não existe na realidade, mas existe na mente.

Acontece que o subconsciente não distingue entre realidade e imaginação; daí que, manter o mal na mente, para o subconsciente é o mesmo que o praticar. Eis porque

---
**Seja patrão de si mesmo: demita seus erros.**
---

o complexo de culpa, o sentimento de perda, a depressão, a angústia, a fixação, a obsessão, provocam sofrimentos e doenças orgânicas.

Todos estes sentimentos têm a ver apenas com o passado.

Passado não é realidade, você já sabe. Então, descarregue-o. Jogue-o fora, assim como desveste uma roupa suja.

Se não o lançar fora, ele funcionará como se fosse realidade.

Não vá querer tapear a mente, tentando ocultar o passado por meio de calmantes, drogas, estimulantes, euforizantes, estupefacientes. Mascarar a mente com drogas é enorme bobagem. Se o problema está na mente, nela deve ser resolvido.

Desligue o mal da mente e ele não existirá mais.

Como desligar o mal da mente? Perdoando o passado.

Perdoar significa demitir o mal, que está na mente.

Seja patrão de si mesmo: demita seus erros, sofrimentos, desgraças, prejuízos, mágoas e ódios.

Perdoar é o único caminho. Se não o fizer, você sofrerá e o seu sofrimento gerará enfermidades.

Diga e repita para si que o passado não existe, nem mesmo o que ocorreu no outro mês e nem o que sucedeu

**Não se amarre ao passado.
Viva o presente.**

ontem.

Não seja severo consigo mesmo: perdoe-se.
Não seja severo com os outros: perdoe.
Não se amarre ao passado; viva o presente.
Você tem domínio absoluto sobre este momento. Faça-o alegre, positivo e iluminado.
Você é dono deste instante, então por que não sorri?
Quando você sorri de si mesmo, dos atos e fatos da vida, das suas estripulias, está agindo com sabedoria, porque está tirando a espoleta do explosivo.
Seu sorriso faz a mente sorrir e a mente sorridente faz o corpo sorrir, já que tudo é unidade.
Quando você sorri, está sendo gentil consigo mesmo e está oferecendo aos outros a melhor parcela de si.
Comece, desde já, a varrer seus males, perdoando-se e sorrindo, mesmo que seu sorriso seja feito a facão, de qualquer jeito.
Quando seus males pretenderem aparecer novamente na cabeça, desligue-os, pensando noutra coisa mais agradável e positiva.
A estratégia não é combater os males: é esvaziá-los e ocupar a mente com pensamentos sadios e benéficos.
O homem de sucesso pensa para frente e não para trás.

## ELIMINE AS EXPRESSÕES NEGATIVAS

É muito comum as pessoas criarem chavões negativos e repeti-los a todo instante. Ora, com uma programação mental dessas, não há como não acontecer o resultado nefasto.

Lembre-se que a repetição é método forte e infalível para gravar qualquer mensagem no subconsciente. Como tudo que se grava no subconsciente, acaba acontecendo, imagine o que você está arrumando para sua vida.

Pensar é ser.

Escreveu, certa vez, James Allen: "Todos os seus pensamentos, desejos, aspirações, formam o seu mundo; e tudo o que você encontra no universo, seja beleza, alegria, felicidade, ou fealdade, aflição e dor, é contido no seu interior. É por meio dos seus pensamentos que você forma ou destrói a sua vida, o seu mundo, o seu universo". (Da Pobreza Ao Poder).

Elimine o péssimo hábito de repetir jargões como estes:

A coisa está braba.

Está tudo pela hora da morte.

Tá ruim pra caramba.

Estou numa pior.

A coisa está preta.

Não estou com nada.

Meu salário está cada vez mais baixo.

A barra está pesada.

Dá tudo errado para mim.

Sou um azarado. Não tenho sorte.

Esta vida é uma droga.

Não é fácil.

A coisa está osca.

A crise está violenta.

A crise está de matar. Ninguém tem dinheiro.

Essas expressões bloqueiam o sucesso de qualquer empreendedor. Por mais genial que seja uma pessoa, se ela determina que não dá para realizar nada, porque a situação está difícil, não realizará nada.

Limpe da mente essas exclamações e policie-se para eliminar definitivamente tal hábito.

Com isso, está abrindo caminho para o sucesso.

Já dizia Henry Ford: "Se você acha que pode ou se acha que não pode, de qualquer maneira você está certo".

## VARRA OS TEMORES DE BRUXARIAS

Certo sujeito foi comprar um castelo medieval, olhou, vistoriou e, por fim, perguntou:

- Tem certeza de que tudo funciona bem neste castelo?

- Tudo, meu senhor. Aliás, para falar a verdade, apenas as bruxas da meia-noite chegam com quinze minutos de atraso, desde que começou a haver carestia de vassouras.

A mente de certos indivíduos vive povoada de feitiços, bruxas, macumbas, demônios, magia negra, pragas e coisas do gênero.

O inexplicado, o misterioso e o desconhecido impressionam muita gente e quando surge alguém que se diz com poderes sobre o bem e o mal, não faltam os que ficam aterrorizados e se entregam de corpo e alma.

O medo de ameaças, desgraças programadas, malefícios, leva essas pessoas ao desespero e são capazes de vender o que têm, e pedir emprestado o que não têm, para atender exigências de bruxos.

Se você se liga nessas malignidades, não progridirá, porque se torna dependente da vontade e dos trabalhos espirituais de alguém.

Assim você não deslancha. Vive amarrado, temeroso, ao léu de outra mente.

Sei de pessoas que querem sair desse submundo, mas se sentem apavoradas, porque o feiticeiro ameaça com desgraças, morte de familiar, ou outras tragédias, que geram pânico terrível.

Saiba de uma vez por todas que ninguém tem poder sobre você, a não ser que você dê poder.

O mal só tem a força que você lhe der. Se você usa seu poder divino para aceitar ameaças ou malefícios de alguém, está cometendo erro grosseiro. Está se demitindo e colocando um bruxo no seu lugar.

---

**O mal e o bem só têm
a força que você lhes der.**

---

Não tenha medo. Você é da dimensão divina, filho da Luz, por isso jamais a sombra e o mal terão acesso a você. Impossível, pode me acreditar. A não ser que você os busque ou os aceite.

Deus teria sido incompetente e contraditório se tivesse dado poder a outros sobre você: de um lado teria criado você à sua imagem e semelhança, livre, responsável por seus atos, com merecimentos ou culpabilidade sobre o que faz e, por outro lado, dependente e à mercê dos outros. Isso não é coisa para a Sabedoria Infinita.

Pense bem: como pode Deus determinar que você é o autor da sua vida se dá poder a outro para comandá-la?

Diz a Lei Infinita que cada um colhe o que semeia. Portanto, está errado supor que você deva colher o que outro semeia.

De mais a mais, você tem Deus em seu íntimo, por isso você e o Deus que habita seu espírito são a Força todo-poderosa contra a qual nada nem ninguém pode.

- Mas, já tem acontecido de se realizarem as ameaças do feiticeiro - poderá argumentar você.

Realmente, acontecem as ameaças quando alguém nelas acredita. Sempre que alguém acredita no que quer que seja, acontece. Esta é uma lei da mente e nada tem a

**Seja dono de si.**

ver com feiticeiros, macumbeiros ou bruxos.

Diz a ciência do Poder da Mente que todo pensamento acreditado se materializa. Se você pensa que as ameaças de alguém vão acontecer, o resultado é fruto do SEU pensamento e não do ameaçador.

Você tem poder sobre si e sobre as pessoas que aceitarem seu poder.

O macumbeiro tem poder sobre ele e sobre os indivíduos que aceitarem o poder dele e nele acreditarem.

Seja dono de si. Faça a sua vida. Creia no Deus que habita sua alma e não no deus-bruxo dos outros. Há milhares de anos, já ensinava, com sabedoria, a Bíblia: "Não terás falsos deuses".

Nunca dê poder ao mal insuflado por quem quer que seja e jamais será atingido pelo mal. Shakespeare dizia que o bem e o mal não existem, é o pensamento que os cria.

"Temer - escreveu Emmet Fox - é ter mais fé no mal do que em Deus".

Diz a Bíblia: "Ninguém lançará mão de ti para te fazer mal".

Pare de acreditar no mal e ele sumirá.

Nem mil despachos, ou macumbas, podem ter a força de um único Pai Nosso.

Nunca pague ninguém para desmanchar o mal que dizem ter sido feito contra você. Exigir pagamento é chantagem; pagar é idiotice.

Mesmo que digam que, se você não pagar para desmanchar o mal que lhe teriam feito, desgraças acontecerão, não pague porque ninguém tem poder para fazer e nem para desmanchar. Só você e Deus têm poder sobre você.

E tem mais: o mal é a sombra e a sombra jamais apagará a luz. Você é luz, porque em você está a Luz Divina.

Desmanche o mal da mente, desligue as imaginações maléficas, ligue-se em Deus e jamais pise novamente a porta de qualquer espécie de feiticeiro.

Muito bem, agora você varreu da sua mente mais um empecilho forte ao seu sucesso.

## NÃO SE JULGUE VELHO DEMAIS

Nunca é tarde para o sucesso.

Por favor, não seja daqueles que se metem num pijama e passam o resto da vida sentados em cadeira de balanço, lamentando que são velhos demais para lançar-se a qualquer empreendimento.

Jogue fora a crença de que a idade avançada é a idade do amparo ou do desamparo.

Não há atitude pior do que a daqueles que vivem de amarguras, à espera da morte.

Há ainda a crença de que velhice é idade incapaz,

> Todas as idades são
> idades de sucesso.

inútil, esclerosada, beirando os limites da idiotia.

Limpe de imediato essa programação negativa, porque é incompatível com sucesso.

Veja o que diz a sabedoria bíblica: "Na velhice darão ainda frutos, serão cheios de seiva e de verdor". (Sl. 92,14).

Escreveu Julio Dantas: "Afinal, a velhice é um simples preconceito aritmético, e todos nós seríamos mais moços se não tivéssemos o péssimo hábito de contar os anos que vivemos".

Velhice é preconceito aritmético. Pode ser tão produtivo um indivíduo de 20 anos quanto um de oitenta. Aliás, este leva a vantagem da sabedoria, da experiência e do tempo disponível.

Seja qual for sua idade, o sucesso está à sua espera.

Inúmeras pessoas famosas alcançaram o pico mais alto do sucesso em idade avançada.

Arranque da mente preconceitos sobre a alta idade e impregne-a com imagens de prosperidade, sabedoria, experiência, bom humor, capacidade, grandeza de alma. Veja-se sorridente, empreendedor, tranqüilo, agradável, positivo, otimista.

Não fique olhando para trás, só falando nos bons

---

**Não esqueça: o sucesso olha para frente.**

---

tempos de antigamente, porque isso não leva a nada. Some ao seu cabedal de conhecimentos tudo que viu de bom nos tempos antigos e use o que servir para o dia de hoje. Ficar no saudosismo é fugir da realidade.

Seus longos anos de vida não são para viver chorando o leite derramado, mas para fazer deles a sabedoria de hoje. Se antigamente, por exemplo, no seu entender ganhava-se mais e vivia-se melhor, aproveite a dádiva de ter vivido aquela época e de estar vivendo no mundo de hoje, para fazer um estudo comparativo e extrair tudo que for útil para a atualidade.

O sucesso olha para frente, não esqueça. Tudo o que aconteceu na vida lhe fornece subsídios para acertar melhor os caminhos do sucesso.

Toda idade tem a sua juventude. A juventude da velhice é a larga e vívida dimensão da inteligência, que propicia realizações fantásticas.

Muitas empresas procuram descartar os idosos, mesmo os que foram a mola mestra do sucesso passado e da situação presente, porque eles ficaram parados no tempo e no espaço. Os idosos não são retirados das empresas por serem idosos, mas por continuarem a administrar o passado. Empresa é vida, vida é dinamismo evolutivo, evolução tem a ver com o presente e o futuro. Aí está a base do conflito de gerações.

Um idoso, no entanto, que, dono de vasto acervo de conhecimentos, experiências e habilidades do passado, acrescentar os conhecimentos da economia atual, e analisar as tendências futuras - torna-se imprescindível em qualquer empresa.

Se você é idoso descartado, dê graças a Deus que ficou com a parte melhor: seus conhecimentos, sua experiência, sua capacidade e suas habilidades. Procure esse mundo de sabedoria que colheu ao longo de tanto tempo. Pense sucesso. Mesmo que recomece do zero, pense grande. Varra do seu coração qualquer mágoa, ressentimento, sentimento de culpa, pessimismo, porque lhe desperdiça as energias que são necessárias na caminhada do sucesso.

Você é um sucesso. Aposto em você.

## DESTRUA AS CRENÇAS NEGATIVAS

Você vive muito mais de crenças do que de verdades.

De mil palavras que você profere, noventa por cento fazem parte do arquivo das suas crenças pessoais.

Qualquer afirmação sua, ou de outro, (este outro pode ser pessoa, livro, revista, rádio, televisão, filosofia, religião, ideologia), que for aceita por você - passa a per-

---

> Todos somos feitos para o sucesso. Não há privilegiados.

tencer ao rol de suas crenças.

Crença é uma idéia gravada no subconsciente como verdade. A partir desse momento, fará parte das suas verdades. As suas verdades pessoais nortearão a sua vida.

Se as suas crenças forem negativas, a vida será negativa.

Se as suas crenças forem positivas, os resultados, na vida, serão positivos.

A certeza interior desencadeia o Poder - para o bem ou para o mal, para cima ou para baixo, para a riqueza ou para a pobreza, para a mediocridade ou para o sucesso.

Alguém pode ter a crença de que o fracasso do passado significa fracasso no futuro; outro pode ter a crença de que passado não é igual a futuro.

Se mantém a crença de que é dominado pelos acontecimentos exteriores; de que o mundo é mau pelo fato de você estar na pior; de que os outros são seu inferno; de que o mundo exterior é culpado pelos seus fracassos e desgraças - como conseqüência também acreditará que não pode ser ou ter o que almeja. Todas essas convicções são crenças errôneas. Prejudiciais. Elimine-as.

Você é conduzido pelos seus pensamentos acreditados, de tal forma que é o que pensa e acredita, portanto autor da sua vida.

Erradique a crença de que os grandes engolem os pequenos. Há lugar para todos e é impossível o grande subsistir sem o pequeno. Não existirá o gigantesco avião se não existirem os pequenos parafusos que sustentam as asas, os motores, os assentos, a fuselagem e tudo o mais.

Lembre-se que as crenças que tem sobre seus negócios determinam as decisões e programam seu futuro.

Elimine a péssima crença de que só vencem e prosperam na vida os que roubam, exploram e praticam rapinagem. Esse caminho conduz fatalmente à desgraça e os exemplos estão aí diante dos seus olhos.

Nenhuma árvore má produzirá frutos bons - ensinava o sábio Mestre.

Será que você não alimenta a crença negativa de que "as coisas nunca vão melhorar"? Com esta convicção, as coisas nunca melhorarão, mas, ao seu lado, encontrará milhões de exemplos de como as coisas melhoram a cada dia. Na verdade, nada é permanente, a não ser a certeza de que nada é permanente. Promova a crença de que a vida sempre evolui para melhor.

O mais impressionante é que tudo tem apenas o significado e o valor que você lhe dá. Eu posso ler para você a Bíblia inteira e, no fim, ouvi-lo dizer apenas isto: "É pura bobagem"!

Você pode ler este livro e exclamar: "Fantástico! Vou colocar tudo em prática"!

Para usar o já surrado chavão: esta é a diferença que

> **Qualquer coisa é impossível
> até o dia que deixa de ser.**

faz a diferença.

Até mesmo sobre muitas verdades objetivas, científicas, incontestáveis, você encontrará gente com crença contrária. Há, por exemplo, muitos que não acreditam que o homem já pousou na lua.

Há crenças que você recolheu da família, da escola, da religião, dos amigos, da televisão.

Talvez você diga que não adianta trabalhar, porque o dinheiro vai para as mãos dos espertalhões; que o sucesso é privilégio de poucas pessoas...

Quantas crenças negativas, meu Deus!

Expulse para sempre essas crenças deletérias.

Como a crença é uma força irresistível, crie, desde agora, crenças positivas, benéficas, otimistas. Principalmente, acredite no sucesso e ele baterá, sem falta, à sua porta.

## DERROTE OS IMPOSSÍVEIS

Quando você afirmar que algo é impossível, colocou o ponto final. Tirou toda e qualquer possibilidade de mudar a situação. Impossível é a fé do lado avesso. Tudo que receber de você a marca de impossível, torna-se impossível.

Na verdade, tudo é impossível até o dia que deixa de ser.

Há impossíveis sobrepujados? Sim, aos montes. Houve época em que era impossível chegar à lua, construir naves espaciais, erguer prédios de cem andares, efetuar salto mortal triplo, fazer um túnel sob o Canal da Mancha, romper a barreira do som, imprimir milhares de livros por dia, escalar o Everest, percorrer cem quilômetros numa hora. Entre os impossíveis superados estão o avião, o telefone, o fax, a lâmpada elétrica, o computador, o isopor, o Canal de Suez, o Canal do Panamá, as usinas, os poços artesianos, a porcelana, os talheres de aço, o cinema, a televisão, o rádio...

Agora entre na sua casa e enumere os impossíveis lá existentes: o fogão a gás, o forno de micro-ondas, o toca-fitas, os cedês, os aparelhos elétricos, os pratos de louça, os relógios eletrônicos, as torneiras de aço, os copos de vidro, os baldes de plástico, a geladeira, o congelador, e por aí afora.

E, na sua vida, quantos impossíveis já derrubou? Lembra-se do tempo em que lhe era impossível ter carro, casa, aparelho de vídeo-cassete, terreno, apartamento, loja, viagem à Europa, ganhar uma competição esportiva, superar a depressão, atravessar um rio a nado, emagrecer vinte quilos, pagar uma dívida, ganhar o salário que ganha, etc, etc, etc?

Todo impossível não passa de crença.

Há duas belas maneiras de derrotar uma coisa impossível: ou mude a coisa ou mude você. Há, por exemplo, diversas formas de você ultrapassar uma montanha de oito mil metros de altura: escalando-a, ou cavando um túnel, ou usando helicóptero. O impossível é apenas um lapso de inteligência e de criatividade.

O próprio Jesus dizia: "Tudo é possível àquele que crê".

E eu posso completar: "Tudo é impossível àquele que crê que é impossível".

Muita gente analisa a questão e diz: "Não".

Outros examinam a mesma situação e dizem: "Por que não"?

Você pode dizer que é impossível ler um livro no porão porque é lugar escuro; outro diz que é possível ler o livro no porão, colocando luz.

A impossibilidade, no fundo, é uma obsessão negativa.

Sempre há uma maneira de tornar possível o impossível.

Qualquer impossível pode ser vencido pela soma de inteligência, ousadia, persistência e fé.

Este é o momento de você derrotar todos os seus impossíveis.

De mais a mais, quem não acredita em milagre não é realista, dizia David Ben Gurion, fundador de Israel.

O famoso cientista Albert Einstein disse, certa vez: "Algo é impossível até que alguém duvide e acabe provando o contrário".

# Capítulo 4

## ADMINISTRE O FRACASSO

Usei a palavra fracasso apenas como ponto de partida para abordar assunto relevante: como lidar com aquela situação que não deu certo e que lhe trouxe prejuízos.

Robert Schuller diz que "fracassos são simplesmente problemas aguardando uma solução".

Elmer Wheller escreveu: "Muitos homens e mulheres fracassam na vida não por falta de capacidade, inteligência ou mesmo coragem, mas simplesmente porque nunca dispuseram suas energias em torno de um objetivo fundamental". (O Poder do Pensamento Dinâmico).

Um grande número de pessoas fracassam pelo medo de fracassar. Não se arriscam, não assumem os ideais, não vão em frente, porque, caso a empreitada não desse certo, sofreriam constrangimentos, decepções, críticas e isolamento. São tomados de vergonha de fracassar e, por isso, nada fazem. Caem na inércia.

Segundo Robert Anthony, "os que sentem a expectativa do fracasso, fracassarão".

Norman Vincent Peale fez o seguinte comentário: "Se gosta de criticar e desabafar negativismo, pode ser que a causa de seus fracassos esteja na sua mente confusa e cheia de ódios". (É Fácil Viver Bem).

Já o famoso psicólogo William James colocou como causa do fracasso a falta de fé e confiança: "Em qualquer projeto, o fator importante é sua confiança. Sem fé e confiança não pode haver sucesso. Isto é fundamental".

A verdade é que:

Se você acha que não pode, não pode.

Se não vê saída, não terá saída.

Se pensa que está perdido, perdido está.

Se acredita que estão sabotando você, sabotado está.

Se prevê a derrota, derrotado está.

Se teme a falência, falido está.

Se admite que os outros derrubarão você, derrubado está.

Assim como pensa e crê, assim é para você.

O fracasso está no pensamento do fracasso, mesmo que você seja talentoso ou um gênio.

---

**Fracasso é apenas recuo para acertar o caminho e chegar mais depressa.**

---

Cito novamente Norman Peale: "As pessoas que fracassam na vida são geralmente as que se entregam ao aborrecimento, são ásperas, respondonas, patenteando reações de irritação".

Quando uma pessoa diz que o sucesso vale menos do que o incômodo e o desgaste para chegar lá, com certeza está determinando o fracasso.

Muitos acham que não merecem o sucesso. Não o terão.

## COMECE MUDANDO OS PADRÕES MENTAIS

É claro que, enquanto você acredita no fracasso, ele permanecerá.

Enquanto você o mantém na mente, não desaparecerá.

Antes de tudo, afaste-se mentalmente dos seus erros e fracassos. Eles estão lá, você está aqui. Separe-se deles. Você não é seus erros. Você é você.

Sim, você é você, imagem e semelhança divina, perfeito. E este ser, embora divino, perfeito, cometeu aquele fracasso. Não misture as coisas, porque, se o fizer, ao jogar fora o fracasso estará jogando você junto.

Reveja sua auto-estima, sua grandeza indestrutível, o filho de Deus que você é.

Agora tire o estopim da bomba.

Reconheça, em primeiro lugar, que fracasso não é fracasso e sim recuo estratégico para tomar o caminho certo, que produzirá resultados melhores e maiores do que os esperados anteriormente.

Escreveu Catherine Ponder: "Muitas vezes o fracasso é o sucesso tentando aparecer de maneira ainda mais grandiosa, e a perseverança o ajudará a conseguir resultados ainda mais vantajosos". (Leis Dinâmicas da Prosperidade).

Anthony Robbins salientou: "Ao invés de se castigar pelo 'fracasso', lembre-se de que não há fracassos na vida. Há apenas resultados. Se não conseguiu os resultados que queria, aprenda com a experiência, para que no futuro tenha referências para tomar melhores decisões". (Desperte o Gigante Interior).

Napoleon Hill fez este depoimento: "Não acredite que uma experiência frustrada no amor, ou outra infelicidade qualquer, liquidem suas possibilidades de conquistar o que julga perdido. Alguns dos maiores homens do mundo experimentaram fracasso sobre fracasso, antes de evoluir para o sucesso final. Mesmo uma desvantagem se converte em benefício quando o próprio homem decide por que forma se deverá beneficiar dessa desvantagem". (O Poder da Psicologia Positiva).

Wallace Watlles, depois de dizer que "se mantiver sua fé, você verificará que o fracasso é somente aparente", afirmou ainda: "Quando você comete um fracasso é por-

---

Este é o dia do seu
milagre: Levante-se.

---

que não pediu o suficiente; insista e uma coisa maior do que o que estava procurando virá certamente para você. Lembre-se disso". (Sucesso Financeiro).

Agora medite nesta frase de Georges Eliot: "Nunca é tarde demais para você ser o que deveria ter sido".

## ACERTE A DIREÇÃO DO SUCESSO

Por certo, há necessidade de mudar alguma coisa para que você encontre o caminho do sucesso.

Pela experiência dos resultados nefastos, você sabe qual a meta que pretende e qual o caminho que não leva a ela. Já é ótimo começo.

Determine novamente o seu objetivo, com absoluta clareza.

Acredite que agora sim está no alvo certo e o atingirá, sem dúvida.

William James, psicólogo americano de renome, escreveu: "Nossa fé, ao iniciarmos um empreendimento duvidoso, é a única coisa que assegura o bom êxito dele".

E Anthony Robbins acrescentou: "Aprender a ter fé é de importância capital. É o fator básico do sucesso em qualquer empreendimento. Quando você espera o melhor,

---

**Acerte o alvo e siga.**

---

está liberando, em seu espírito, uma força magnética que, pela lei da atração, tende a trazer-lhe o melhor". (O Poder do Pensamento Positivo).

Robbins conclui que a expectativa do melhor põe em movimento forças que fazem com que ela se materialize.

Agora crie um quadro mental em que visualiza o objetivo já plenamente alcançado. Não sossegue até que consiga formar esse quadro mental. A imaginação é a força todo-poderosa que atua sobre o subconsciente, levando-o a materializar a meta desejada.

Mantenha na mente esse padrão mental, reafirme-o muitas vezes, e ele se solidificará.

Desde logo, entusiasme-se. A expectativa produzirá excitação e forte emoção.

Norman Peale escreveu, certa vez: "O homem de sucesso tem entusiasmo; um bom trabalho nunca se faz a sangue frio; é preciso calor para forjar qualquer coisa. Cada grande realização é a história de um coração ardente". (O Poder do Pensamento Positivo).

Voltando ao assunto, Peale insistiu: "A pessoa sem entusiasmo está tentando movimentar a máquina da vida com água morna. Só uma coisa pode acontecer: o motor vai afogar. Lembre-se, o entusiasmo é eletricidade na bate-

---

**Invoque a experiência, a sabedoria, a intuição e Deus.**

---

ria. É o vigor do ar, é o calor do fogo, é o fôlego da vida em tudo que vive". (Idem)

Tenha a certeza de que o entusiasmo o conduzirá infalivelmente ao sucesso.

Para reforçar essa verdade, cito ainda Walter Chrysler, grande líder industrial: "O verdadeiro segredo do sucesso está no entusiasmo. Sim, mais que entusiasmo, eu diria mesmo excitação. Gosto de ver homens excitados. Quando ficam excitados, fazem da vida um sucesso".

O psicólogo alemão Carl Jung chegou à seguinte conclusão: "Sem emoção, a escuridão não pode se transformar em luz e a apatia não pode se transformar em movimento".

Siga os impulsos da sabedoria interior e será conduzido aos resultados desejados.

## PERSISTA

Não permita que imagens negativas do passado acampem na sua mente.

Mentalize todos os dias, diversas vezes por dia, o objetivo, visualizando-o concretizado plenamente. E agradeça.

Quanto mais firme na mente seu projeto, mais rápida a materialização.

Faça da persistência sua maior qualidade.

Se analisar a biografia dos grandes campeões, saberá que a persistência foi o segredo do triunfo.

Recuse-se a desistir.

Você irá além das próprias limitações, porque seu Poder Interior está acionado e o Infinito vem em seu total apoio.

Convença-se de que você é maior do que qualquer circunstância.

Quando Silvester Stallone fez o roteiro do filme "Rock, Um Lutador", foi recusado por mil produtores de cinema. Por fim, conseguiu o "sim" que mudou sua vida para sempre.

O vencedor é alguém que não desiste.

Um belo exemplo atual de persistência é o da famosa cantora, atriz e diretora de filmes, Barbra Streisand. Embora sonhando ser artista desde os cinco anos, sua mãe sempre a desencorajava, porque era pobre e considerava a filha nada bonita para ser estrela. Apesar de não ter recursos, Barbra deixou sua casa e estudou balé e teatro. Fez testes para o cinema, mas foi recusada. Não desistiu. Incentivada pelos amigos a cantar, devido à sua linda voz, por aí começou a ser conhecida. Seu terceiro elepê já apareceu entre os mais vendidos dos EUA. Mas o sucesso musical não a fez esquecer a ambição teatral. Convidada para o musical "Funny Girl", Barbra estreou como atriz e conseguiu o Oscar de melhor atriz, juntamente com Katherine Hepburn. Tornou-se uma das estrelas mais brilhantes de Hollywood. Participou de oito filmes e ganhou o Globo de Ouro de melhor

**Os exemplos arrastam.**

atriz no filme "Nasce Uma Estrela". Decidiu produzir o filme "Yentl", mas foi recusada pelos produtores, até que conseguiu o apoio da United Artists e da Metro-Goldwyn-Mayer. Lançado em 1983, só nos EUA o filme rendeu 50 milhões de dólares. Também obteve amplo sucesso com seu filme "O Príncipe das Marés". Seus 50 álbuns musicais venderam 100 milhões de cópias. Os 15 filmes renderam mais de bilhão de dólares. Recebeu Oscars de melhor atriz e canção, Emmys por seus shows de televisão, dez Globos de Ouro por atuação, direção, produção e canção. No livro "Streisand, Sua Vida", escrito por James Spada, diz a mãe a respeito de Barbra: "Ela era um demônio. Nunca consegui fazer com que desistisse de algo que quisesse realizar".

O grande compositor Georg Friedrich Händel compôs seu famoso oratório "O Messias", cujo "Alleluia" o mundo inteiro conhece e executa-o, num momento difícil de sua vida, quando a rainha Carolina, sua protetora, havia morrido e os teatros da Inglaterra estavam fechados devido ao inverno rigoroso. A situação que atravessava e os baixos rendimentos estavam por desanimá-lo quando deu-se ao trabalho intenso de compor "O Messias", em 23 dias. Embora essa obra fantástica não fosse reconhecida em Londres, Händel levou-a para a Irlanda e, executada pela primeira vez em

---

**Barbra Streisand, Händel, Napoleon Hill, Honda, são belos exemplos.**

---

Dublin, em abril de 1742, foi estrondoso sucesso.

Mesmo acometido de paralisia parcial e cegueira progressiva, Händel continuou compondo e trabalhando como organista e regente de suas óperas.

Não há fracasso para quem ama o que faz e faz o que ama. Persistir e olhar para frente é a regra de ouro.

Outro exemplo digno de nota foi o do renomado escritor Napoleon Hill, que passou 23 anos pesquisando a vida de grandes homens de sucesso para extrair as regras básicas do êxito. Teve que enfrentar muitos obstáculos e problemas financeiros de toda ordem, mas não desanimou. Os familiares estavam perplexos e se perguntavam como poderiam acontecer tantas desventuras justamente para quem estudava o sucesso? Napoleon sabia que resultados são apenas resultados e este aprendizado também enriqueceu seu cabedal de conhecimentos. Por fim, lançou a sua obra, e depois várias outras, que o tornaram rico e famoso no mundo inteiro.

O grande industrial japonês Soichiro Honda, fundador do Grupo que leva seu nome, era filho de família muito pobre, passou necessidades, teve a recusa de projetos, sua fábrica foi destruída por terremoto, enfrentou dificuldades na última grande Guerra Mundial, persistiu, e hoje é nome de

> Não há barreiras para
> um forte ideal.

sucesso.

Conta Catherine Ponder, no livro "As Leis Dinâmicas da Prosperidade", que Toscanini era tão míope que não enxergava a partitura, quando regia sua orquestra; que Beethoven compôs a famosa Nona Sinfonia já surdo; que os escritores Dostoievski e Maupassant era epiléticos; que o presidente norte-americano Franklin Delano Roosevelt era semiparalítico; que o histórico poeta grego Homero e o poeta inglês Milton eram cegos.

A lista de exemplos clássicos poderia encher uma enciclopédia.

A lição que fica é que não há obstáculo para quem alimenta um ideal forte e excitante.

Quem definiu, com clareza e profundo interesse, uma meta, aconteça o que acontecer seguirá em frente, porque sua vida e seu prazer são unos com o objetivo. Persevera até mesmo contra toda esperança. E vence.

Conta Robert Anthony que "Thomas Edison praticou 10.000 experiências antes de chegar à invenção dos fios incandescentes que viriam a ser o bulbo da lâmpada. Sem cair em desânimo, ele jamais classificou suas experiências frustradas como enganos ou falhas. Ao contrário, afirmava haver identificado 9.999 fórmulas que não mais deviam ser usadas, pois com elas seu invento não funcionava".

Talvez você tenha fracassado na vida. Não empurre as culpas sobre algum bode expiatório. Se atribuir sua falha a alguma coisa, ou a alguém, ou a qualquer imprevisto desastroso, deixará a solução por conta desses fatores externos e, então, nada acontecerá para mudar a situação. Assuma, com coragem e determinação, a causa do fracasso e o encare apenas como um trabalho seu que não chegou aos resultados almejados. Nesse caso, há que mudar as causas para que se mudem os efeitos.

Como você é dono de si, autor de si mesmo e de sua vida, basta sua decisão forte de estabelecer os caminhos corretos para atingir a meta e com mais facilidade e segurança chegará lá.

Não foi sem um quê de sabedoria que alguém afirmou que o fracasso é a estrada do sucesso. Sim, no sentido de que o fato ocorrido proporciona a oportunidade para você acertar o caminho.

Não gaste lágrimas e energias chorando o fracasso. Elogie essa lição da vida, agradeça a nova orientação divina e siga em frente. Quanto mais rápido acertar o rumo e arrancar para diante, mais rápido chegará ao destino sonhado.

Perder uma batalha não é perder a guerra. Esta representa a vitória final e total sobre tudo que tenha acontecido anteriormente. Portanto, o fracasso não existe. Aquela ocorrência fez parte do percurso que, no final, levará você ao sucesso.

**Levante-se e erga um edifício maior ainda.**

Se ainda está sentado sobre as cinzas da destruição, não perca mais tempo. Levante-se e comece a erguer um edifício melhor e maior. E assim será.

Li, de Orison Marden, o livro "Os Milagres do Pensamento" e gostei muito. Agora acabo de ler um fato acontecido com Marden, descrito na obra do Dr. Ômar Souki: "Durante a depressão econômica de 1892, nos Estados Unidos, Orison Marden viu o hotel de sua propriedade ser totalmente destruído por um incêndio. Mais ainda, no hotel estava o original do livro que acabara de escrever. Ao invés de paralisar-se pelo desespero, começou a reescrever seu livro em seguida. Era alimentado basicamente por sua autoconfiança e fé extraordinária. Seu livro versava justamente sobre o sucesso em épocas difíceis. Em 1894, enquanto os norte-americanos ainda amargavam os dissabores da depressão, Marden publicou seu livro, que foi reeditado 250 vezes, ajudando a mudar a perspectiva mental de milhares de pessoas". (Acorde! Viva Seu Sonho).

O suposto fracasso que aconteceu com você foi apenas o ajustamento de foco para levá-lo mais eficiente e rapidamente ao êxito.

Não pense em deixar de saldar seus compromissos, porque sua consciência o morderá pelo resto da vida e você estará pisoteando a regra básica das relações humanas: "Não faça aos outros o que não quer que os outros façam a você". E tem mais: não resgatando o passado, como conseguirá pular para o futuro?

É bom levar em consideração a Lei do Retorno: "De quem tira, será tirado".

Há os que vão à falência para ganhar dinheiro em cima dos prejuízos infligidos aos outros. Esse descaminho não leva a nada. Jamais enriquecerá verdadeiramente quem assim procede.

Se, no momento, não tem condições de saldar as dívidas justas, disponha da boa vontade de pagar quanto puder, assim que puder, e faça-o, porque aí está a base do sucesso. Tentar abrir caminho cavando abismos, é erro grosseiro.

Não se desespere diante das dívidas e nem caia em depressão, porque necessitará de todas as energias para dar a volta por cima.

Se você falar para seu credor honestamente e com boa vontade, ele, mesmo sofrendo o desfalque, compreenderá e lhe dará chances de se reerguer para superar as dificuldades e progredir novamente, pois é a única maneira pela qual você poderá pagá-lo.

Neste caso, você perdeu uma batalha mas vai ganhar a guerra.

Levante o seu astral, erga sua mente às alturas da sua dimensão infinita, dê o seu grito de libertação do passado, e avance confiante e feliz para o futuro mais brilhante da sua vida.

Assim é e assim será.

# Capítulo 5

## ANTES DE TUDO, OCUPE SEUS ESPAÇOS VAZIOS

Antes de fazer o mais difícil, faça o mais fácil.

Antes de ocupar outros territórios, domine o seu próprio território.

Ocupe os espaços vazios interiores, senão você poderá gastar energias buscando lá fora o que tem dentro de si.

Veja o que escreveu o grande filósofo, teólogo, pensador e santo Agostinho de Hipona (354-430): "Não vás para fora, volta a ti; no interior do homem habita a verdade".

O escritor Jerônimo Finckler assegurou que "o caminho da vida é para dentro".

---

Descubra e valorize
suas qualidades, dons, habilidades
e capacidades.

---

Seu mundo interior é uma vastidão repleta de tudo o que você deseja e necessita para alcançar o sucesso.

O caminho da vida é para dentro, porque aí está seu poder criador, suas qualidades, suas energias, a sabedoria que o guia, e o sucesso que busca.

Você é muito mais do que pensa de si. Tomara que não seja daquelas pessoas que só pensam mal de si. Se você se concentrar nos seus defeitos, a arrancada para o sucesso se torna muito penosa.

Mesmo que seja uma pessoa com auto-estima, é certo que tem muito mais qualidades que supõe. Clarifique as qualidades que já descobriu, ponha à luz as qualidades que os outros disseram que você tem e procure as qualidades e valores que jazem escondidos em seu íntimo.

Dê uma polida nos dons, habilidades, talentos e capacidades que estão jogados em algum canto da sua mente e eles brilharão na sua vida, levando-o mais rapidamente ao sucesso.

Às vezes, um curso, um seminário, uma palestra, pode cometer o milagre de fazer explodirem qualidades que permaneciam adormecidas no fundo do seu subconsciente.

Acredite que você é muito mais do que foi até hoje. Não desvendou nem trinta por cento da sua grandeza. Muita gente, que vivia na mediocridade, só foi descobrir grandes dimensões do seu talento e da sua força interior quando se viu a braços com situações dramáticas.

Se você tem, por exemplo, o dom da palavra, pratique-o, cultive-o, aperfeiçoe-o, e ele será muito útil na sua escalada do sucesso. Ou, quem sabe, tem o dom da música, do canto, do sorriso, da bondade, da persistência; ou, então, o dom da criatividade, do desenho, da concentração, de aprender e falar línguas, de fazer amigos, de influenciar pessoas, de liderança; ou, enfim, sua aptidão pode estar voltada para áreas psicológicas, mecânicas, eletrônicas, comunicações, esportes, invenções, medicina, qualquer campo.

Preencha seus espaços vazios, já que este é o primeiro passo e o mais fácil.

Veja onde se situa sua melhor percepção, atenção e concentração. Se a visual, a auditiva, ou a cinestésica, e explore essa facilidade.

Em que momentos você aprende melhor e produz mais? Quais são as horas de maior produtividade? Como funciona seu relógio biológico?

Há pessoas que trabalharam no balcão durante anos até descobrir que tinham o dom de cantar; outros viveram a rotina do dia-a-dia até que foram ao palco e acabaram se tornando grandes atores. Quanta gente passou anos a fio tocando algum instrumento e compondo músicas para guardá-las na gaveta até o dia em que alguém descobriu o talento e a vida mudou.

Desenvolva suas potencialidades em todas as direções, dando ênfase aos seus pontos fortes, principalmente os esquecidos e pouco valorizados.

Os caminhos do sucesso se tornam mais abertos quando você amplia os espaços da sua personalidade e da sua capacidade.

# Capítulo 6

## OS TRÊS PASSOS DO SUCESSO

Quando você conhece o caminho, tudo fica mais fácil.

Todos querem o sucesso, inclusive já tentaram chegar a ele por diversas vezes. Uma legião imensa de pessoas, no entanto, só colheu frustração. Daí o desânimo e a descrença.

Não é porque você falhou mil vezes que se deva concluir que sucesso é loteria ou privilégio de uma minoria felizarda.

Não há nada de difícil para chegar ao sucesso. É preciso apenas acertar o caminho.

Veja aqui os três passos essenciais para o sucesso. Sem eles, está perdendo tempo.

Estes três passos o colocarão no caminho certo.

# PRIMEIRO PASSO DO SUCESSO: SAIBA O QUE QUER

Se não existe objetivo, não existe sucesso. É óbvio. Se não sabe para onde vai, não chegará lá.

Sucesso é sempre efeito de uma causa mental. O primeiro passo, pois, é criar a causa mental.

Isto parece muito claro, mas, segundo um grande industrial e construtor, chamado Henry Kaiser, "uma pesquisa revelou que nove entre dez pessoas não tinham plano definido na sua existência".

O escritor Robert J. O'Reilly, revelou: "Em cada dez pessoas, nove vivem hoje a esmo. Talvez você próprio".

Mais adiante, o mesmo autor voltou à carga e disse: "A grande maioria das pessoas não têm realmente a mais vaga idéia do que deseja de fato da vida".

Eis aí uma afirmação estarrecedora. Diante de tais estatísticas, fica fácil compreender porque milhões de pessoas caminham ao relento, mergulhadas no próprio vazio. Graças a Deus que você está entre os que fazem aquele um décimo da pesquisa.

O sucesso é pessoal. Você não pode comprá-lo numa loja ou pedir a alguém que faça sucesso por você.

**Determine a meta.**

Sucesso é a concretização daquilo que você quer conseguir.

Anthony Robbins, neurolingüista de renome, tanto por seus livros quanto pelas palestras que profere nos EUA, em certo momento da vida, como as coisas iam mal, tratou de virar a mesa e acertar-se consigo mesmo. Disse ele: "A coisa mais importante foi mudar o que eu exigia de mim mesmo. Fiz uma lista de todas as coisas que não aceitaria mais na vida, de todas as coisas que não ia mais tolerar, e de tudo o que eu aspirava ser". (Desperte o Gigante Interior).

Determine agora qual a meta que deseja atingir.

Dizia Norman Vincent Peale que jamais se alcança a meta que não esteja bem definida na mente.

O mundo e a humanidade toda giram em torno de objetivos: o avião, o trem, o ônibus, saem em busca do objetivo predeterminado.

Talvez você já saiba o que pretende. Neste caso, escreva claramente para que sua mente apreenda com nitidez. Seja bem específico.

O pior é que muita gente tem tantos projetos de vida que nem sabe por onde começar. A cabeça entra em parafuso. Entre os objetivos que pululam na mente, estão os que sonha realizá-los; os que os pais querem que atinja; os

---

**Saber o que quer é essencial.**

---

que pensa que deve perseguir porque dão dinheiro ou status; os que os amigos sugerem; os que os testes assinalam; os que deram sucesso aos outros e deseja que lhe aconteça o mesmo; os que são determinados pelas circunstâncias atuais; os que são estimulados pelas crenças, ideologia ou filosofia.

E aí fica você paralisado, como aquela vez que a lagartixa perguntou à centopéia qual era o pé que ela movimentava primeiro, quando começava a caminhar e, depois, qual era a ordem dos pés durante a caminhada. A centopéia ficou tão confusa que nunca mais andou.

Se ainda não sabe o que realmente deseja, aprofunde-se em meditação até vivenciar seus sonhos maiores.

Tome uma folha de papel e alinhe todas as metas que lhe batem à cabeça. Agora, vá por eliminatórias. Marque as metas que lhe dão mais prazer, ou seja, que mais gostaria de fazer. Dentre esses objetivos, assinale os três que mais lhe interessam e mais o entusiasmam. E siga por esse caminho.

A Dra. Joyce Brothers, em seu livro "Como Conseguir Tudo o que Você Quer da Vida", apresenta o seguinte método: "Tome uma folha de papel e uma caneta e, de repente, sem parar para pensar, escreva, como lhe der na cabeça, as três coisas que mais deseja neste mundo, tudo o mais depressa possível".

Ela explica a razão deste método: "No momento em que uma pessoa escreveu num papel as três coisas que mais deseja, e as escreveu o mais depressa possível, sem um pensamento consciente, em geral começa a delinear-se um esboço do que realmente quer. Qualquer um pode usar essa técnica. Não requer nenhum treino especial".

Acertada a dimensão total das suas metas, estabeleça o que pretende a curto, médio e longo prazo.

Agora sorria feliz, porque deu o passo mais importante.

Muita gente passa o tempo se queixando da vida, mas não sabe o que quer.

Não se deixe influenciar pelos fracassos ou pelo negativismo dos outros. Os outros são os outros, você é você. Se sabe que os outros vão ridicularizar suas metas, não conte a ninguém. Basta que você e Deus, seu sócio fiel e todo-poderoso, saibam.

É essencial que você deseje alcançar estes objetivos com todas as forças da sua alma.

O professor universitário Ômar Souki, em seu livro "Acorde! Viva o Seu Sonho", escreveu: "O sucesso ocorre quando comunicamos nossas metas de forma clara para nós mesmos e para o universo".

Não determine qualquer coisa apenas para ter o que fazer.

Descarte todos os desejos que não o entusiasmam.

A realização das suas metas tornará sua vida mais plenificada, por isso, você está entusiasmado, vibrante, radiante, energizado até o fundo da mente.

# SEGUNDO PASSO: ACREDITE NA REALIZAÇÃO

Se você acredita que atingirá as metas, deu o passo mais firme e decisivo.

Acreditar no resultado é fundir a substância mental na forma material.

A fé gera o mais perfeito e poderoso padrão de pensamento, porque descarta medos, desânimos, frustrações, retorno, hesitação.

Lembre-se que a fé remove montanhas.

Nenhuma meta acreditada poderá falhar.

Sua palavra unívoca move céus e terra para chegar ao resultado.

A fé sempre repudia os impossíveis e desconhece o fracasso.

A fé torna atingível qualquer meta inatingível.

Além de tudo, a fé encontra o caminho da realização do objetivo.

Como escreveu Anthony Robbins: "A chave para o sucesso é desenvolver um senso de certeza".

---

A fé repudia os impossíveis
e vence os obstáculos.

---

## TERCEIRO PASSO: COMECE A CAMINHAR

Ao seu desejo, segue-se a emoção da fé; à fé, segue-se o impulso da ação; à ação, segue-se a caminhada, à caminhada segue-se a chegada. A chegada chama-se sucesso.
Comece.
Se não começa, não termina.
Se não sobe o primeiro degrau, não chegará jamais ao topo.

Lewis Carrol usou essa frase pitoresca: "Comece pelo começo - disse gravemente o rei - siga até chegar ao fim; então pare".

A famosa bailarina Anna Pavlova comentou, certa vez: "Seguir um objetivo sem parar, esse é o segredo do sucesso".

São Jerônimo foi um dos luzeiros da Igreja primitiva. Escreveu ele: "Comece a ser agora o que será daqui por diante".

Og Mandino escreveu num de seus livros: "A maioria de nós não faz nenhuma idéia de como transformar os sonhos em realidade".

Você já tem seus sonhos. Para chegar à realização é essencial a certeza de que chegará lá. Os caminhos serão ditados pela sua Sabedoria interior e o percurso será feito pelo exercício do seu Poder imanente.

Não é necessário que saiba neste momento como vai chegar. Você sabe, e isto é fundamental, que chegará. O caminho vai se fazendo cada dia.

Quando você caminha, a Sabedoria Interior, o Poder Divino e todas as conjugações do cosmo virão em seu auxílio, iluminando seus passos e fortalecendo suas energias.

Estabeleça as estratégias do seu conhecimento, estude livros e pessoas que possam orientá-lo, invoque sua intuição e inspiração, peça a assistência divina, e siga em frente, de cabeça erguida, com o porte do vencedor, porque o sucesso será inevitável.

# Capítulo 7

# FUNDAMENTAL: PENSE SUCESSO

Você é o que for sua mente. O ser humano é sua mente.

E a mente é o que forem os pensamentos.

Joseph Murphy escreveu, certa vez: "Os pensamentos são coisas; as idéias se realizam; o que sentimos nós atraímos; o que contemplamos é aquilo em que nos tornamos".

Para ser sucesso, pense sucesso.

Impregne a mente de sucesso.

Envolva-se na aura do sucesso.

Lembre-se que não colherá o que não plantou.

Se vive falando em crise, fracassos, insolvência, problemas, estagnação, falta de dinheiro, contenção, o sucesso jamais acontecerá.

Não há outro caminho: Você é o que pensa.

É exatamente neste ponto que fracassam inúmeras pessoas. Querem o sucesso, mas a mente está mergulhada em negativismos. Traçam metas de sucesso, mas param na beira do caminho, porque acham que a situação está muito difícil. Mentalizam sucesso pela manhã e à noite, mas passam o resto do dia com a mente saturada de pessimismo e de crenças negativas sobre o momento econômico. Sem dúvida, a balança pesará mais para este lado. E a realidade também.

Para onde penderem suas crenças diárias, para lá penderá sua vida.

A realidade acompanha o pensamento.

**TRACE SUA ESTRATÉGIA DE SUCESSO**

Sejam quais forem seus padrões mentais, não há porque desanimar.

Chegou a hora da virada.

Comece agora mesmo a guerra do sucesso. Ponha em prática as melhores estratégias para começar a ganhar as batalhas.

**PRIMEIRA ESTRATÉGIA: NÃO DÊ CHANCES AO INIMIGO.** - Seus inimigos são os pensamentos negativos, pessimistas, depressores, paralisantes.

Desde o momento em que acorda, tome de assalto a sua mente e arme-a de pensamentos de alegria, de sucesso, de otimismo, de autoconfiança. Invoque o alto comando espiritual: Deus, Cristo, Espírito Santo, seu santo padroeiro, seu anjo protetor, enfim os Marechais da sua milícia divina. Agora convoque mentalmente seus Generais, que são aquelas pessoas de sucesso que lhe inspiraram esta nova etapa da vida. Lembre com entusiasmo os feitos deles.

Em seguida, vista a sua farda, toda feita de positivismo, de fé, de alegria, de otimismo, e trace as gloriosas batalhas do dia. Hasteie a bandeira do êxito e cante o hino da vitória. Para estimular seus soldados, dê-lhes ordens de sucesso. Leia algo positivo e inspirador, ouça alguma fita-cassete, proclame sua frase mais poderosa, reafirme suas metas e dê o seu grito de guerra.

Eis aí um belo ritual diário.

Ninguém mais barrará o seu caminho.

Claro que a vida não é guerra e seu dia-a-dia não é batalha. Também não é menos verdade que seus clientes não são inimigos. Não é esta imagem que estou sugerindo.

Criei estas visualizações para levantar seus brios, estimulá-lo, excitar emoções fortes e benéficas e gerar energias tão poderosas que levarão de roldão os hábitos negativos e as tendências de apatia.

SEGUNDA ESTRATÉGIA: CRIE O QUE ESPERA ACONTECER. - A expectativa de mais um lindo dia vitorioso, produzirá imensos sentimentos de alegria.

Para dar um toque vibrante ao seu dia, uma banda invisível de música executará, no salão nobre do seu coração, hinos inesquecíveis.

Pode também, se achar mais excitante, imaginar que este novo dia será uma festa fraternal e divertida, com bandas de música, bandeirinhas, encontros amorosos, risos, diversões e rodas felizes. Todo mundo lhe conhece, compartilha a festa com você, recebe-o prazerosamente, quer comprar de você.

Garanto que sairá à rua com largos sorrisos espraiados nos lábios, facilitando encontros e negócios.

Li, certa vez, que o riso é a ponte mais curta entre as pessoas.

## REFORCE OS PENSAMENTOS

É bem provável que, nas atividades do dia, encontre pessoas negativas e desanimadas, mensagens de pessimismo, fracassados que se dedicam a derrubar os outros na própria vala, situações de aborrecimento, gente mal-educada, mas nada deterá seu bom humor e a certeza de que muitas batalhas serão ganhas ou de que a festa continua sendo sucesso.

Recarregue as baterias lendo livros de sucesso, recordando homens bem-sucedidos, que também tiveram seus tropeços mas venceram.

Você é sua mente. Como quer ser, assim determine à sua mente.

Você somente conseguirá aquilo que pensa que conseguirá.

Jamais alcançará sucesso maior do que o tamanho dos seus pensamentos.

Pense grande e será grande.

Nutra-se de sentimentos de simpatia, bondade e amizade para com as pessoas e você atrairá número sem fim de clientes.

Mentalize em nível alfa, e repita sua mensagem interior muitas vezes ao dia, para que esse maravilhoso acervo de pensamentos, sentimentos e crenças positivas e agradáveis se transforme em estado de ser.

Você será irresistível. Maravilhosamente irresistível.

# Capítulo 7

# PODER DA MENTE PARA O SUCESSO

Diz a ciência do Poder da Mente que tudo o que você pode pensar, imaginar e desejar, pode realizar.

Não há nada de exagerado nisso, pela simples razão de que o maior milagre está no fato de criar algo na mente, coisa que você faz a todo momento. Imaginar, desejar, é um fantástico milagre, é criar algo do nada, da inexistência. A materialização é decorrência natural que por si mesma se impõe.

Assim como toda causa exige seu efeito; como toda substância contém a forma; como toda essência busca sua expressão, da mesma maneira todo pensamento contém necessariamente sua realização.

O pensamento cria, o desejo atrai, a fé realiza.

Ao pensamento segue-se a reação; à reação segue-se a ação; e à ação segue-se a materialização.

O princípio é este: A mente consciente cria e a mente subconsciente executa.

Tudo o que o subconsciente aceita como verdade,

executa, realiza, materializa.

Resultado: você é o que pensa.

É por isso que se diz que pensar positivamente produz realidades positivas, que tornam a vida positiva.

O subconsciente é o poder, ou nele está o poder.

Pensar é ser.

Pensar é ter.

Pensar faz o viver.

Você é e tem o que pensa.

A partir desta verdade, o primeiro capítulo do sucesso é determinar o objetivo. O segundo capítulo é querer alcançar o objetivo; o terceiro capítulo: acreditar no objetivo; quarto: dirigir-se a ele, orientado pela Sabedoria interior e pelo Poder Infinito, imanentes no âmago do ser humano; por fim, o sucesso, que é o resultado obtido.

Sucesso, pois, é o único caminho da vida humana. O resto é descaminho, perda de tempo.

## O QUE IMPORTA É DETERMINAR O OBJETIVO

Muita gente acha que não será nada, não conseguirá nada, porque nasceu em favela; porque é filho de pais pobres, doentes; porque não tem nada na vida; porque está

---
**O sucesso nasce na mente.**
---

endividado até os cabelos; porque perdeu uma perna em acidente; porque não tem recursos para iniciar uma atividade; porque é empregado, de salário mínimo; e mais um cortejo obscuro de porquês e porquês.

Cometem um equívoco: o que aconteceu até aqui não importa.

Os que se encontram nas situações acima citadas, estão apenas olhando para trás, quando a vida é para frente.

O ponto de poder é o momento presente.

Em 1944, uma jovem desconhecida, chamada Norma Jean Baker, fez teste para modelo e recebeu da diretora da agência, Emmeline Snively, esta resposta negativa: "Sugiro que você faça um curso de secretária ou se case". Pois bem, no ano seguinte essa tal de Norma Baker começava sua estupenda projeção artística com o nome de Marilyn Monroe.

Um alto executivo da gravadora inglesa Decca, em 1962 rejeitou um conjunto musical, que queria gravar, com essas palavras: "Não gostamos do som de vocês. Além disso, conjuntos de guitarristas não têm mais futuro". Esse conjunto musical eram os Beatles, que iniciavam a maior carreira de sucesso musical de rock do mundo.

Veja como começaram alguns homens famosos: Newton era filho de um camponês; Joana D'Arc era pastorinha

**Este momento é seu ponto de Poder.**

de Lorena, França.

Gioto, grande mestre da pintura, era pastor.

O astrônomo Copérnico era filho de um padeiro, profissão humilde na época.

Faraday foi operário encadernador.

Aqui no Brasil, a grande parte das pessoas famosas, ricas, bem-sucedidas, tiveram origem pobre.

Esqueça definitivamente o argumento de que você não pode alcançar seus grandiosos objetivos por ser de família humilde ou por não dispor de condições econômicas no momento.

O que aconteceu não vem ao caso, até porque você sabe que muita gente começou com fortunas e acabou no nada.

O que vale, acima de tudo, é um forte objetivo, desejado com entusiasmo e fé inabalável.

## TUDO DARÁ CERTO

Se até aqui você pensou mal de si, chegou a hora de mudar e reconhecer sua dimensão superior, sua grandeza e sua capacidade inesgotável.

Algumas celebridades do mundo artístico também fizeram má idéia de si mesmas. Ainda assim, acreditaram no sucesso.

A famosa atriz Demi Moore, por exemplo, confessou, aos 32 anos de idade: "Fui uma garota magricela, feiosa, vesga e de óculos, mas sobrevivi a isso. Tive um casamento infeliz de três anos e sobrevivi. Tive problemas com álcool e drogas e sobrevivi''.

Daryl Hannah, outra célebre atriz, confidenciou: "Me olho no espelho e vejo um nariz torto, manchas no rosto e pernas compridas demais".

Em 1928, um moço fazia testes para ator na Metro Goldwin Mayer. O diretor responsável pela avaliação, assim descreveu o pretendente: "Não sabe representar, nem cantar, e é careca. Dança um pouco". Estava rejeitando Fred Astaire, que se tornou grande astro cinematográfico.

Aqueles que pensam que sucesso depende da situação, do momento econômico do país, da boa vontade de líderes e poderosos, também incorrem em equívoco.

Quando Margareth Mitchell lançou o romance "E o Vento Levou", (Gone With The Wind), Louis Mayer, o todo-poderoso da M. G. M. consultou o chefe de produção da sua empresa, Irving Thalber, sobre a compra dos direitos autorais do livro para o cinema e obteve esta resposta: "Esquece, Louis, nenhum filme sobre a guerra civil deu dinheiro até hoje". Gary Cooper recusou, em 1928, o papel do personagem principal Rhett Butler, dizendo: "E O Vento Levou será o maior fracasso da história de Hollywood. Ainda bem que quem vai quebrar a cara é o Clark Gable e

**Claro que você pode.**

não eu". Tem mais: terminada a filmagem, o produtor David Selznick ofereceu ao diretor Vitor Fleming 20% sobre a renda do filme e o homem respondeu: "Você acha que eu sou bobo? "E o Vento Levou" vai ser o maior elefante branco de todos os tempos". O filme custou 4 milhões de dólares, obteve dez Oscars e o seu sucesso vem atravessando os tempos.

Quer saber o que o Marechal Ferdinand Foch, professor de Estratégia da Escola Superior de Guerra da França, disse, em 1901, sobre as incipientes experiências sobre o avião? - "Esse tal de avião é um brinquedo interessante, mas não tem qualquer utilidade militar".

Quando você quer desanimar diante do que os outros dizem de você e do seu empreendimento, pense nessas histórias aqui contadas.

Sucesso é questão pessoal.

Depende da fé que você coloca em si e na meta desejada.

Há um Poder Infinito que responde positivamente a qualquer projeto desejado com fé inquebrantável e com decisão de ir até o fim.

Todos os grandes mestres espiritualistas e todos os profundos investigadores das dimensões maiores da mente insistem que existe um Poder ilimitado em cada criatura humana.

Este poder supera qualquer barreira e tudo alcança.

A fé remove montanha - dizia o grande mestre Jesus.

Você tem esse Poder. Use-o agora. E sempre.

## A FÉ NO OBJETIVO É O SEGREDO

Quando você acredita em alguma coisa, você a vê.
Quando você a vê, ela existe.
Quando ela existe, está à sua disposição.
Quando está à sua disposição, você a apanha.
Isto é sucesso.
Fé é partir da realidade mental - início indiscutível de tudo - para chegar à realidade física.
Fé é o caminho do sucesso.
"Fé - como escreveu o apóstolo Paulo - é a posse antecipada daquilo que se espera, um meio de demonstrar realidades que não se vêem".
O homem de fé não se localiza na sua posição atual e sim no ponto de chegada. Ora, nada mais essencial para o sucesso do que esta maneira de ser, de pensar e de se posicionar.
Não há sucesso sem objetivo. Se não sabe para onde vai, não chega a lugar nenhum.
Antes de tudo, crie o objetivo.
A fé é a força irresistível que funde o objetivo mental no objetivo real. Esta fusão chama-se sucesso.
Mais uma razão para você entender que o sucesso é o único caminho.

---

**O sucesso é a única maneira de realização humana.**

---

O homem de sucesso não tem outra escolha a não ser: "Acreditar ou acreditar".

"Fé - ensinava o Mestre Jesus - é crer firmemente na realização da sua palavra".

É ter certeza absoluta de que sua meta será alcançada.

É admitir, sem mas nem més, que o sucesso é a única maneira de realização humana.

Você será o que quer ser afirmando que já é - escreveu Catherine Ponder, em seu livro "As Leis Dinâmicas da Prosperidade".

Você terá o que quer ter, afirmando que já tem.

Mentalize, ore, afirme, reafirme, repita, viva a experiência mentalmente em nível alfa, imagine-se assim, e assim será, com certeza.

É o caminho do Poder da Mente.

# Capítulo 9

## USE A IMAGINAÇÃO

Segundo a ciência do Poder da Mente, a mente consciente age e o subconsciente reage de acordo. Por outras palavras, a mente consciente cria e o subconsciente executa.

Sempre que o subconsciente aceitar qualquer mensagem como verdade, move mundos e fundos para torná-la realidade física.

Dentre todas as formas de pensamento, a imaginação é a mais forte e poderosa, já que o subconsciente não distingue entre imagem e realidade: apanha a imagem e a faz realidade.

Joseph Murphy escreveu: "A coisa mais maravilhosa que se deve saber é a seguinte: imagine o fim desejado, sinta-o real e o Princípio Infinito da vida responderá à sua escolha consciente, ao seu pedido consciente".

O grande sábio da Bíblia, Salomão, disse: "Assim como imaginou em sua alma, assim é".

Faça uma visualização da sua meta, imaginando-a

atingida com pleno êxito.

Viva mentalmente o sucesso.

Catherine Ponder escreveu: "A imaginação é que determina uma situação e compete a você construir a imagem. Se você compreender isso, saberá que não há necessidade de lutar ou de forçar para que os benefícios que você deseja cheguem a você. Portanto, comece a trabalhar e a calmamente imaginar, com detalhes, o que você deseja".

Nós somos aquilo que imaginamos.

Na verdade, a mente consciente funciona por imagens. Cada palavra é decodificada em imagem. A palavra casa, por exemplo, leva você a imaginar uma casa; o vocábulo carro cria na mente a imagem do carro.

Não se deixe dominar por imagens negativas de carência, crise, falta de dinheiro, dificuldades econômicas, porque serão um desastre para a sua vida.

Impregne-se de imagens de sucesso, de prosperidade, de abundância, de felicidade, de bem-estar.

As imagens são realidades mentais que buscam a própria materialização.

Se você está cheio de dívidas, recolha-se a um lugar silencioso, relaxe, e visualize os cheques de pagamento das dívidas devidamente preenchidos, assinados, colocados em

---

**Imaginar o resultado
é o grande segredo.**

---

envelope e despachados pelo correio aos destinatários. Ou então imagine que você está recebendo um cheque com valor tal que lhe permitirá pagar todas as contas e ainda sobrar dinheiro.

Catherine Ponder conta a história de um negociante que estava passando por sérias dificuldades financeiras. Sabedor da força da imaginação, ele adquiriu notas fictícias de dinheiro de alto valor e colocou-as em sua carteira, de tal maneira que sempre as via toda vez que abria a carteira. Ao invés de andar com a carteira vazia, agora via, pela imaginação, aquela enorme quantidade de dinheiro. Resultado, o homem nunca mais deixou de ter dinheiro suficiente para atender a todas as suas necessidades.

A imaginação governa a vida.

Houve tempo em que se dizia que o imaginativo era um fantasista, pessoa que vive no mundo do faz-de-conta, um alienado. O imaginativo não é alienado porque sabe a diferença entre imagem e realidade. Exatamente porque sabe a diferença, trata de mudar os padrões mentais para que mude a realidade. Sabe que o mundo material é fruto do mundo mental, por isso cria o seu mundo mental de maneira a transformá-lo em seu mundo físico.

A imaginação é o exercício natural do ser humano. Você, por exemplo, está neste momento pensando em algo e suas idéias são metabolizadas em imagens. Se você se julga insolvente e não conhece o poder da imaginação, com certeza passa precioso tempo vendo mentalmente a sua situação precária, as empresas cobrando e negando-se a vender-lhe novamente, os clientes desaparecendo, os cheques a pagar amontoando-se e sua vida se tornando um inferno, da cor do estresse e da depressão. O pior é que tudo vai acontecendo de acordo com suas imagens mentais.

Mude imediatamente o conteúdo dos seus pensamentos, antes que o levem à ruína.

Eliphas Levi escreveu, com muita sabedoria: "O pensamento humano cria aquilo que pensa".

Como você cria aquilo que pensa, use a imaginação para reverter o quadro dramático. Mergulhe a sua mente na prosperidade, na abundância e no sucesso. Trace mentalmente o seu objetivo e veja-o concretizado plenamente. Firme essa imagem na convicção de que assim é e assim será.

Onde há uma imagem há um fim e onde existe um fim deve haver os meios para alcançá-lo.

O cientista Albert Einstein afirmou que a imaginação é mais importante que o conhecimento.

Tudo que existe é fruto da imaginação de alguém.

Comece, pois, do começo, como diz o velho ditado. Imagine o fim desejado.

O que você imagina, já lhe pertence. Dirija-se para lá a fim de tomar posse.

## VIVENCIE AS IMAGENS DO SEU SUCESSO

Você não pode chegar ao sucesso, se julga ser incapaz, pequeno, incompetente, imerecedor, indigno do que pretende.

Seria o mesmo que desejar ir para frente andando para trás.

Mesmo que tenham acontecido fracassos homéricos na sua vida, você é você e não os seus fracassos, que não passam de episódios do passado.

É essencial que agora você assuma o porte do vencedor.

Visualize-se aquela pessoa exitosa, prestigiada, autoconfiante, admirada, que significa para você a personificação do sucesso.

Assuma as características de uma pessoa bem-sucedida.

Adquira o hábito do sorriso perene, da irradiação positiva.

Passe a usar as roupas, aparelhos, produtos pessoais e perfume de gente bem-sucedida.

Não se trata de fanatismo. Como pode você mentalizar o sucesso se a mente continua mergulhada em imagens de carência e de privação?

Na verdade, o hábito faz o monge, contrariando o

> Visualize-se pessoa exitosa,
> feliz, saudável e rica.

antigo ditado.

É bem verdade que o essencial é você mentalizar o seu sucesso, mas se você age e se vê como pessoa de sucesso, seu subconsciente será fortemente sensibilizado para essa realidade.

Quais são os seus símbolos de sucesso?

Se usar algo que para você simboliza sucesso, será mais um valioso reforço. Pode ser que pulseira e relógio doirados, pasta de executivo, telefone celular, correntinha de ouro ao pescoço, gravata importada, carteira cheia de dinheiro, anel de brilhante, roupa de grife, carro zero, viagens de avião, hotel de categoria - sejam símbolos de sucesso e riqueza para você. Neste caso, se procurar usar esses símbolos, ou alguns, estará dizendo ao seu subconsciente que você é homem ou mulher de sucesso. Como o subconsciente não distingue entre imagem e realidade, eis aí um método válido.

Duas ou três vezes por dia relaxe em algum lugar isolado e imagine a sua vida já na fase do sucesso, da riqueza, dos objetivos alcançados. Sonhe de olhos abertos. Veja-se naquele gabinete amplo, atapetado, com cortinas bonitas, secretária irradiante, poltrona confortável, computador, comunicando-se com grandes clientes, fechando ne-

**Relaxe e mentalize,
eis o caminho que chega
ao Poder interior.**

gócios de vulto. Ou então naquela casa suspirada; na empresa vitoriosa que idealizou; enfim, através da imaginação criativa, transmita ao seu subconsciente a realidade que ele vai concretizar.

Busque levar ao seu subconsciente a imagem mais efetiva da realidade sonhada: falando, por exemplo, numa reunião para altos executivos; concedendo entrevista para a maior emissora de televisão; cantando ou representando no maior teatro do país; em outras palavras, sonhe grande.

Reafirme essas imagens algumas vezes por dia, com detalhes, com alegria, com fé, com entusiasmo.

# Capítulo 10

## TRABALHANDO PARA O SUCESSO

Toda ação é trabalho.
Não há sucesso sem ação.
O trabalho, portanto, é o veículo do sucesso.
Tudo no universo é ação, movimento. Também o exercício do ato mental criador é ação.
Pensar, orar, desejar, projetar, imaginar, criar, é trabalho mental.
Do nada você produz a palavra. Este processo chama-se ação mental. É o primeiro passo. Indispensável. Sem saber para onde vai, todo trabalho será em vão.
Trabalho, em si, não significa rigorosamente sucesso. Tem gente que trabalha como condenado e não chega a nada. Outros trabalham sem objetivo. Outros, ainda, tra-

> **O trabalho é o veículo do sucesso.**

balham graciosamente.

Toda e qualquer ação física, mental ou espiritual que você executa, significa trabalho no pleno sentido da palavra. Ou, pelo menos, no significado que imprimo aqui a este vocábulo.

Você sabe que há muita gente no mundo que faz o mesmo trabalho, mas a diferença de ganhos e de resultados é imensa. Trabalho, portanto, pode ser fonte de riqueza ou não; pode ser caminho do sucesso ou não.

## NÃO É QUALQUER TRABALHO QUE PRODUZ SUCESSO

Sucesso nada tem a ver com trabalho negativo, sem rumo, desumano, violento, atabalhoado, explorador, criminoso, insalubre.

Somente o trabalho originado na mente e exercido por meios positivos, alcançando os resultados positivos desejados, chama-se sucesso.

Você pode ter projetado uma casa, trabalhado arduamente na construção da casa e, ao final, a construção ruiu: não houve sucesso.

Somente o trabalho executado positivamente na di-

---

**Três fatores do sucesso: criação mental, trabalho positivo, realização.**

---

reção de um objetivo que chegou a termo pode ter o nome de sucesso.

O sucesso exige que o trabalho seja finalizado de acordo com o projeto.

Sucesso, pois, é o resultado de três fatores: criação mental; trabalho positivo direcionado para a execução; realização.

Fora disso não há sucesso. É o único caminho.

Querer dez milhões de dólares, por exemplo, é pensamento positivo; assaltar bancos para conseguir esse dinheiro é trabalho violento e negativo. Seja qual for o resultado desse trabalho - jamais haverá sucesso. Impossível.

As leis que regem o universo e a humanidade foram criadas por Deus, são essencialmente boas e positivas, auto-aplicáveis. São o caminho do sucesso.

Pretender obter fruto bom da árvore má é impossível.

Mesmo que você nada saiba sobre força elétrica e não acredite nos princípios da eletricidade, ou, até, seja contra as leis elétricas, se colocar a mão na corrente elétrica, cairá morto.

Quer você concorde ou não que o sucesso é resultado de pensamento positivo realizado por trabalho positivo, de qualquer maneira é o único caminho. Siga por essa via

> Só há um caminho para o sucesso: siga por ele.

única, se não quer perder tempo, dinheiro, saúde e vida.

Conheci um homem que ridicularizava o trabalho honesto, positivo, idealizado. Para ele o negócio era enriquecer assaltando bancos, roubando, ludibriando os incautos. Hoje ele está no cemitério, com uma bala na cabeça, duas nos intestinos e três no peito.

Só há um caminho para o sucesso. O resto é perda de tempo e de vida.

A desarmonia nunca conduz à harmonia.

A doença jamais levará à saúde.

É impossível que o mal produza o bem.

As Leis universais são originárias do Infinito e nunca poderão ser burladas pelo finito.

## NÃO GASTE ENERGIA À TOA

A linha reta é sempre a mais curta.

Se você acha que para ganhar dinheiro e tornar-se rico tem que dar duro na vida, cair e levantar vezes sem conta, sofrer muito - assim será para você.

Se determina que irá de ônibus de Porto Alegre a Manaus, fará esse trajeto com muito mais cansaço, sacrifício, passando por inúmeras dificuldades, até com prejuízos

> O melhor caminho é o que lhe dá mais satisfação.

para a saúde. Esse não é o melhor caminho: é apenas o que você escolheu. Se escolhesse ir de avião, chegaria antes, sem cansaço, sem ziguezagues, sem sacrifícios.

A escolha é sua. Seja inteligente. Prefira o melhor caminho.

O melhor caminho é o que lhe dá mais satisfação.

O melhor caminho é aquele que, além de ser o mais curto, você o percorre com alegria e entusiasmo.

Trabalho não é sinônimo de sacrifício, renúncia, privações. É, pelo contrário, ação agradável, impulsionada pela alegre expectativa, que ocorre desde o pensamento do desejo até o resultado final.

## ENCONTRE O MELHOR CAMINHO

Pode acontecer que você conheça a meta mas não saiba como chegar lá.

Invoque a Sabedoria Infinita, imanente nas profundezas do seu ser, para que lhe indique o caminho e o conduza por ele. O caminho aparecerá e o que você tem a fazer é seguir por ele alegremente, feliz, saudável, com fé, com entusiasmo, curtindo prazenteiramente cada palmo da estrada.

Ao enveredar por essa via, dar-se-á tempo para descansar, alimentar-se, repor energias, festejar, amar, divertir-se, realizar outras metas. Mesmo assim, chegará antes. Porque é a estrada mais sábia, por isso a mais curta.

O trabalho é o ato de efetuar o percurso de forma positiva, alegre e corretamente. Aí está o melhor caminho.

## O TRABALHO É O PERCURSO E O PERCURSO É A VIDA

Não são poucos os que lutam e se sacrificam duramente no dia-a-dia, com a consciência de que a festa começará quanto o objetivo for alcançado.

Agora, pensam, é hora de preocupar-se, batalhar arduamente, depois haverá a recompensa. Invadem horas de sono, não se dão tempo para mais nada, vivem sob pressão, sem a mínima possibilidade de férias e lazer, na expectativa de que mais adiante, ao atingirem a meta, cuidarão de si e darão melhores condições para a família.

Alguns estipulam a meta de tantos milhões de dólares e arremetem para esse objetivo, de armas e bagagens, não descansando até chegar lá. Depois, sim, gozarão a vida, viajando mundos e fundos, vivendo do bom e do melhor.

---

**A vida não se interrompe
até você atingir o seu projeto.
O caminho é a vida e viver
é ser feliz e bem-sucedido.**

---

Estão cometendo dois erros graves: primeiro, não se dando conta de que o percurso é a vida e esta deve ser usufruída plenamente em cada momento. Este instante é um milagre maravilhoso, que jamais voltará. A vida toda é uma festa e não apenas o momento da chegada. Se você esperar para celebrar apenas quando atingir a meta, sua vida mergulhará em muitos buracos negros. Está desperdiçando o melhor da vida, que é o momento presente.

Lembre-se que não existe passado e nem futuro, mas apenas este instante, que deve ser vivido da maneira que você não se arrependeria se morresse hoje.

De mais a mais, como você pode ter certeza que vai viver até lá?

Em segundo lugar, estará cometendo o equívoco de achar que viver alegremente a vida de cada dia seja incompatível com a busca do seu objetivo.

Viva o dia de hoje alegre e feliz enquanto persegue a meta da riqueza ou qualquer outra.

O caminho é a vida e viver é ser feliz e bem-sucedido.

A vida não se interrompe até você atingir o seu projeto.

Na verdade, a vida é você. Não é possível separar você da vida. É uno com a vida. Não há como suspender a vida até chegar ao ideal sonhado.

---

O próprio ato de viver já
é trabalho. Lindo trabalho.

---

Não esqueça que a vida é hoje, aqui e agora, tudo o mais é elocubração mental. Se não está vivendo plenamente aqui e agora, você não existe, é um fantasma, uma múmia ambulante. Esta seria a mais macabra situação que lhe poderia ocorrer.

Viver é ser feliz.

Ser feliz é sentir-se bem consigo mesmo, com a humanidade, com o universo e com Deus.

Qual a conclusão?

Que você deve ser feliz também quando a caminho dos seus projetos, sejam eles de curto, médio ou longo prazo.

Outra verdade que não pode ser esquecida é que a riqueza material já existe em você. Nas profundezas do seu subconsciente estão todas as riquezas possíveis e imaginárias. Deixar de viver para gastar anos em busca da riqueza que tem em si mesmo é piada de mau gosto.

O seu trabalho é o seu fazer e também o seu fazer-se de cada dia. Ora, isso é viver. Trabalhar, portanto, é desenrolar o novelo da vida. Trabalhar, em última análise, é viver. Como a essência da vida é a felicidade, trabalhar é ser feliz. Tudo muito simples.

Sempre que, a partir do nada, se exerce um movimento, seja físico, mental ou espiritual - realiza-se trabalho. O próprio ato de viver já é trabalho. No bom sentido.

Trabalhar, viver, ter sucesso e ser feliz são aspectos da mesma dimensão humana. Se o seu ato de viver é estressante, depressivo, agressivo, infeliz, realiza péssimo trabalho vital. Está no descaminho. É filho pródigo de si mesmo.

Se vive feliz, saudável, amoroso, com belos projetos realizados positivamente, e a caminho de outros sonhos doirados, realiza trabalho essencial.

A escolha é sua. Escolha certo.

Talvez você tenha dificuldade de entender essa verdade, porque a palavra trabalho lhe soa como emprego, serviço profissional, cargo público, burocracia, atividade industrial. Não pode, porém, perder de vista que essa atividade encerra, em si mesma, o ato de viver.

O percurso é a vida.

Viver é ser feliz.

Não há outra opção.

# Capítulo 11

## QUALIDADES DO SUCESSO

Qualquer objeto tem suas características próprias.
Além das características, tem as qualidades que lhe são inerentes. Um roupeiro é roupeiro desde que obedeça sua razão se ser. Pode ser roupeiro de madeira de lei, de compensado, com fechadura de ouro ou de latão, com gavetas ou sem. As qualidades variam de acordo com o estilo e o padrão.
Cada jogador de futebol tem seu estilo, seu gabarito, seu modo de ser e de jogar. Mas o jogador ideal terá certas qualidades essenciais a qualquer craque.
O sucesso também tem suas qualidades próprias. Algumas são básicas, outras importantes, outras são plenificantes.
Vamos a elas.

1) CERTEZA. CONVICÇÃO. - O homem de sucesso sabe o que quer e tem absoluta convicção que chegará

lá. Jamais se deterá no meio do caminho. Sejam quais forem os acontecimentos, ou acidentes de percurso, sua certeza o fará prosseguir com calma, fé e alegria.

2) DETERMINAÇÃO. - A pessoa determinada não recua. Pode cair o mundo, que ela segue em frente. Mesmo que demore mais do que o previsto, sua determinação faz brotarem todas as energias necessárias ao sucesso.

3) CAPACIDADE DE DEFINIR CLARA E SINTETIZADAMENTE A META. - Esta é qualidade indispensável ao sucesso. Idéias confusas se esvaem. Decisões enroladas não se solidificam. Faça o seu objetivo tornar-se claro e cristalino. Consiga defini-lo em três linhas. Quanto mais concentrada a idéia, mais forte se torna.

4) ACREDITAR EM SI E NO OBJETIVO. - Encontre razões que o façam acreditar que atingirá a meta. De nada vale fixar um ideal que considera inatingível. Ainda que seu objetivo tenha sido alcançado por outras pessoas, é mister que você pessoalmente acredite que chega lá. Acreditar em si é fundamental.

Como escreveu Andersen: "Não negue a circunstância negativa. Simplesmente tenha fé no que acredita e recuse-se a aceitar circunstâncias negativas como finais. Este é o uso adequado da fé. Pois a fé superará as convicções falsas do consciente, criará hábitos de pensamento positivo, que é o primeiro passo no caminho para o poder". (Três Palavras Mágicas).

Se não acredita em si, tudo cai por terra. Se acredita, nada o deterá.

5) HONESTIDADE. INTEGRIDADE. - Lembre-se que por descaminhos não se chega ao caminho. Quando você é correto e íntegro, o sucesso vem correndo a você, pela via mais curta e rápida. Honestidade e integridade são duas qualidades intrínsecas a qualquer negócio, tanto para o que vende quanto para o que compra. Fazem parte da essência do sucesso. Numa pesquisa feita entre homens de sucesso, essas duas qualidades nunca faltaram.

6) SINCERIDADE E VERACIDADE. - Passou a época em que se imaginava que o mundo era dos golpistas. A pessoa sincera e veraz cria a base sólida de qualquer transação: a credibilidade. Ser verdadeiro e sincero significa elogio à inteligência do outro. Tentar ludibriar é menosprezar a inteligência alheia. Tratar com pessoa veraz é um descanso. Seja assim para os outros.

7) POSITIVISMO. - A pessoa positiva irradia ener-

---

Ser positivo e otimista
é essencial.

---

gia atrativa. Ilumine sua vida com crenças positivas: acredite na riqueza e não na pobreza; em Deus e não em entidades macabras; no sucesso e não no fracasso; no amor e não no ódio; no bem e não no mal.

8) OTIMISMO. - Ser otimista é acreditar nos resultados positivos que virão. Otimismo é essencial, porque só consegue resultados quem os projeta antecipadamente, acredita neles e vai a eles. O otimista sabe que depois da tempestade vêm os melhores dias de sol; que episódios são pedras que jamais barram o caminho do sucesso. Otimismo é a grande energia que faz sucesso.

9) PERSISTÊNCIA. - Quem espera sempre alcança. Não há sucesso sem persistência. Perseverança é a força que conduz o projeto ao resultado. Onde há persistência, decididamente há sucesso.

10) PACIÊNCIA. - É qualidade indispensável. A pressa é inimiga da perfeição. O apressado come cru - diz o ditado. Devagar e sempre. É a virtude do bom senso: só acelera quando o momento propicia, só arrisca o que é arriscável. Paciência é a ação calma, ponderada, inteligente, controlada, que avança onde pode, aumenta o ritmo onde o terreno favorece, descansa quando é para descansar, espera quando esta é a melhor estratégia.

11) ENTUSIASMO. - É a energia do sucesso, o combustível que leva às estrelas. É a garantia do sucesso. Realize objetivos que inflamem seu entusiasmo. Descubra os fatores de entusiasmo que existem no seu empreendimento. Jamais falhará uma meta na qual você puser essa energia. Entusiasmo, além de tudo é estado prazeroso, torna a vida empolgante.

12) CORAGEM. - A vitória é patrimônio dos corajosos. A coragem produz uma superforça que vence obstáculos e faz chegar na frente. Não há sucesso sem coragem, porque sempre haverá o momento em que terá que se lançar resolutamente na estrada. Pode haver situações em que lhe deixem sozinho, sem nada, no ponto de partida. Sua coragem o fará levantar a cabeça, erguer bem alto sua meta e arrancar para frente com garra e sabedoria.

A fortuna ajuda aos audazes - dizia o imperador César.

O escritor francês Victor Hugo escreveu: "O preço das grandes conquistas é a ousadia".

13) PRAZER DE APRENDER. - Toda pessoa de

---

**O entusiasmo é a energia do sucesso e a coragem é a força que vence obstáculos.**

sucesso adora aprender sempre mais e mais sobre tudo, principalmente a respeito dos seus objetivos. Lê, faz cursos, participa de seminários, assiste palestras e entrevistas, está atento nas viagens, freqüenta lugares e pessoas que acrescentam à sua vida. Quanto mais se conhece uma estrada, mais fácil será transitar, com sucesso, por ela.

14) SIMPATIA. - Quanto mais desejada e agradável for sua presença em qualquer meio, mais fácil o caminho do sucesso. É o que faz a simpatia. Cultive essa aura e a irradie para todas as pessoas.

15) EXTRAIR LIÇÕES BENÉFICAS DOS ERROS. - Uma qualidade essencial do sucesso é olhar para frente. Não perder tempo com lamúrias e depressões. Recolha sempre lições positivas dos fracassos e falhas, de tal forma que tudo impulsiona para cima e para o melhor.

16) AMOR. - É a bela qualidade do sucesso. O amor ilumina o sucesso, dá-lhe mais vida, mais prazer, mais solidez.

17) ALEGRIA. - Sem dúvida, sucesso e alegria são uma dupla inseparável. Todo sucesso traz alegria. Esta, em

---

**O amor ilumina o sucesso.**

---

si mesma, é o melhor lubrificante do motor que conduz ao sucesso. Alegria é saúde, é vitalidade, é juventude, é energia. Grande qualidade do sucesso.

18) HALO ENVOLVENTE. - O que é bom, tem boa irradiação. Sucesso é como o sol: é energia que se expande para o ambiente e para os outros. Esta qualidade torna o sucesso altamente benéfico a toda a humanidade. A começar por você.

19) SAÚDE. - O sucesso faz binômio com a saúde. Chegar ao destino sem poder usufruí-lo não é sucesso. Cuide da sua saúde. Evite estresse, depressão, insônias, angústias. Atenda ao ritmo normal e natural do corpo, descanse, caminhe, faça lazer e divertimentos, alimente-se saudavelmente, aprecie a vida, tenha autoconfiança e cultive a auto-estima. Sua saúde agradecerá. E o sucesso será completo.

20) CURIOSIDADE. - É qualidade extremamente necessária. A curiosidade é a mãe das invenções e do progresso. Significa pesquisa, busca, interesse, vivacidade, dinamismo, crescimento, expansão. É valioso fator de su-

**O sucesso faz binômio com a saúde.**

cesso. Não existe ciência, nem descoberta e nem invenção sem curiosidade. Arte é curiosidade. A dimensão vital de cada um é fruto da curiosidade individual. Quem não é curioso, não experimenta; quem não experimenta, não sabe; quem não sabe, não pode querer.

Seja curioso: vá assistir aquela palestra, aquele seminário, aquele encontro, aquele debate, aquela reunião, aquele programa de televisão ou de rádio. Seja curioso: leia aquele livro, ouça aquela fita-cassete ou veja aquela fita de vídeo; faça aquela viagem. Seja curioso: veja o que estão fazendo e como o estão.

O curioso chega antes.

Eleanor Roosevelt (1884-1962), esposa do presidente norte-americano Franklin Delano Roosevelt, escreveu: "Acho que, quando uma criança nasce, se a mãe pudesse pedir a uma fada madrinha que beneficiasse com o mais útil dos dons, este seria a curiosidade".

Curiosidade, o mais útil dos dons, qualidade essencial do sucesso.

**O curioso chega antes.**

# Capítulo 12

## ATITUDES DO SUCESSO

O sucesso, como a carroça, sempre segue quem o puxa e para onde o conduzem.

O sucesso é realidade antecedida por atitudes positivas.

Dizem que a realidade imita a vida. A sua vida, em outras palavras, fará a sua realidade.

Atitudes de sucesso promovem sucesso.

Jamais será rico quem pensa e age como pobre, porque está transmitindo ao subconsciente mensagens de pobreza. Como o subconsciente reage de acordo com os padrões de pensamentos, produzirá pobreza.

Veja o que escreveu Robert Anthony, num de seus livros: "Literalmente, tudo que até aqui aconteceu com

---

O sucesso é antecedido
por atitudes positivas.

---

você - bonança, tempestade, felicidade, infortúnio, sucesso ou fracasso - foi atraído pelo seu modo de pensar, inclusive todas as experiências em negócios, casamento, saúde e relacionamento pessoal''. (As Chaves da Autoconfiança).

Um outro Anthony, o Robbins, fez uma afirmação que ajuda a compreender melhor a idéia de que o mundo exterior, de pobreza ou de riqueza, de felicidade ou de desgraça, de sucesso ou de fracasso, depende das atitudes da pessoa: ''Mudar uma organização, uma companhia, um país - ou o mundo - começa com o simples passo de mudar a si próprio''.

O ponto de partida é você mudar a própria imagem.

Que diz você de si mesmo?

Será que você não é dessas pessoas que vivem contando para todo mundo seus azares, suas desgraças, seus infortúnios e seus males? Talvez seja uma pessoa muito carente, diminuindo-se até o zero para que os outros sintam pena. Ou será alguém metido a exibir-se como superastro inatingível, olhando do alto do seu orgulho o resto dos pobres e desprezíveis mortais? Quem sabe, você está atualmente no fundo do poço, isolado de si e da humanidade, vivendo a escuridão total da depressão? Pode suceder que você seja um indivíduo irritadiço, insuportável, chato, in-

---
O Poder não funciona se
não tem sobre o que funcionar.
---

tratável!

Chega de pintar quadros negativos, porque acredito que você é uma pessoa alegre, cordial, feliz, agradável e cheia de vida.

Lembro-me do que disse Dale Carnegie: "Sentir pena de si mesmo e de sua situação não só é desperdício de energia, como talvez o pior hábito da sua vida".

Mude de imagem agora mesmo.

Antes do mais, reconheça que tudo que aconteceu é passado. Passado é passado, não existe. É um fantasma que subsiste porque você lhe dá vida todos os dias. Jogue fora passado e fantasmas.

Escreva num papel seus defeitos, falhas, desgraças, azares, fracassos, prejuízos, sofrimentos, frustrações, negativismo, autodesprezo e, em seguida, coloque o papel no fogo, com a certeza interior de que acabou de exterminar para sempre esses males e essa imagem péssima que fazia de si mesmo. Queimou. Acabou. Morreu a criatura envelhecida, desgastada e feia, que existia em você. E você renasceu.

Diga para si mesmo: "Perdôo meu passado negativo e agradeço por me resultarem lições e realidades positivas que me beneficiarão no futuro. Amém".

**A repetição forma o hábito.**

Um ritual gera imagem e a imagem exerce força poderosa sobre o subconsciente.

## CRIE SUA NOVA IMAGEM

Não basta queimar seu passado negativo e jogar a máscara fora.

Mais do que tudo, é imprescindível criar sua nova imagem.

O poder não funciona se não tem sobre o que funcionar.

Crie, desde já, sua nova imagem: aquela imagem que faz com que você goste de si, se sinta bem consigo mesmo.

Relacione as qualidades das pessoas de sucesso que gostaria que fizessem parte da sua personalidade. Some mais as qualidades e valores que adoraria que fossem seus atributos pessoais.

Imagine seu corpo, sua mente, seu coração, sua saúde, sua residência, seu carro, seu empreendimento, seus relacionamentos, seu estado de espírito, seu mundo de felicidade e sucesso, suas qualidades, seus valores, seu charme e seu estilo pessoal.

Imaginou?

Pronto, já criou sua nova auto-imagem.

---
**O sorriso é método simples, fácil e eficaz de estabelecer contatos.**

---

Esta verdade mental produz auto-estima, amor de si mesmo.

Este é o melhor milagre que poderia realizar na vida. E realizou-o. Outros mais acontecerão. Porque você pode.

O poder é o estopim do pensamento e a imagem é a forma mais forte de pensar.

Repita mil vezes por dia que gosta de si, do seu corpo, do seu jeito de ser, de sua maneira de agir, do seu alto astral.

Visualize muitas vezes essa imagem maravilhosa que fez de si mesmo.

Para tirar suas dúvidas, vou citar-lhe um dos sábios ditados da vida: "Até uma mentira repetida muitas vezes se torna verdade".

Como escreveu Catherine Ponder: "O homem pode criar tudo que consiga imaginar".

Pratique essa nova realidade vivencial. Não tenha medo de ser diferente. A repetição forma o hábito.

Essa nova personalidade e imagem que faz de si mesmo não tem a intenção de colocá-lo acima dos outros, o que seria pejorativo, mas fazer com que seja melhor para si e para a humanidade.

**Ocupe-se, mas não se preocupe.**

## EXPRESSE SUCESSO

O amor que tem a si mesmo, irradia-se sobre os outros, e essa é a atitude mais favorável para atrair belos e ótimos relacionamentos.

A alegria que expressa no rosto é beleza, saúde e vida.
Ria e faça os outros rirem.
O riso aproxima as pessoas.
O sorriso é o método mais simples, fácil e eficaz, pelo qual você estabelece contato benfazejo com outra pessoa.

Aborde o lado positivo das pessoas, dos acontecimentos, de tudo. Encontre uma palavra de fé e ânimo quando lhe falarem de crise, recessão, desemprego, maldade humana.
Se possível, evite pessoas negativas e nefastas. Se não for possível, mantenha sua crença positiva e acenda algum fósforo na escuridão dos outros. Não leve a sério os comentários catastróficos ou os que o contradizem. Respeite-os, mas prefira a sua verdade. Se ficar confuso, estará abrindo fendas para a entrada de correntes contrárias, que neutralizam sua caminhada de sucesso.

> Tenha crenças positivas e benéficas sobre a vida.

Seja tranqüilo no seu dia-a-dia. Faça o que tem de fazer, sem afobação, sem estresse, sem pressão, sem agitação, sem nervosismo, sem precipitação, sem aborrecimentos, sem temores. A calma é amiga da saúde e do sucesso. A pressa é inimiga da perfeição. Quem corre mais, chega mais cedo... no hospital. Jesus já dizia, há dois mil anos: "Bem-aventurados os calmos, porque eles possuirão a terra". A riqueza e a vida são dos calmos, pois a calma favorece o raciocínio e as decisões mais adequadas.

Prefira os estados naturais de vida, porque são mais saudáveis e produzem melhores resultados. Evite a tentação dos soníferos, calmantes, estimulantes, excitantes, euforizantes, porque a face oculta deles não é benéfica. O homem de sucesso equilibra sua vida de forma a dormir bem, passar o dia alegremente e agir dentro das condições saudáveis do organismo. Para isso, intercale trabalho com descanso, agitação com calma, excitação com relax, ofensas e prejuízos com meditação sobre tolerância e autoestima, tensão com distensão, seriedade com riso, sedentarismo com caminhada e exercícios, compromissos com prazer, atividades com lazer, cidade com natureza.

**O sol nasceu para todos e as riquezas do universo são infinitas.**

Sinta e goze o sucesso de cada dia, de cada etapa, de cada objetivo alcançado, mantendo animada expectativa do êxito futuro.

Ocupe-se na realização das suas metas, mas não se preocupe. Aliás, como escreveu Jim Fiebig, a preocupação é a imaginação no lugar errado. Preocupação é o mais prejudicial equívoco das pessoas, porque gera tensões, que produzem hipertensões, que culminam em úlceras e enfartes. Além disso, as preocupações causam estresse, que evolui para a depressão, que acaba por roubar a alegria de viver. Aja na vida, com calma, alegria e a fé de quem sabe que o Poder Divino e a Sabedoria Infinita o conduzirão decisivamente ao sucesso. Para quem tem fé que tudo pode, todos os caminhos levarão ao sucesso.

Respeite a religião dos outros, mas não alimente crenças negativas, como macumbas, feitiços, possessões diabólicas, castigos, complexos de culpa, maligno, diabos, anátemas, condenações, penitência, autoflagelação, espíritos inferiores, porque gerarão medos e angústias, e você se debaterá num mundo obscuro, de insalubridade mental e espiritual, incompatível com a mente de sucesso. Também não entre em crenças ou ideologias fanáticas, que levam à

> **Não seja a favor da competição, mas da competência.**

intolerância, a irracionalismos, a inimizades, a ódios, e criam atritos que fecham caminhos.

Acentue, isto sim, crenças positivas e benéficas sobre a vida, Deus, amor, reino dos céus, paraíso, fraternidade, bondade, solidariedade, perdão, misericórdia, anjos protetores, harmonia universal, paz, alegria, Cristo libertador e anunciador de um mundo melhor, mais humano e mais feliz. Reconheça a Divindade imanente em seu íntimo, como fonte do seu poder e sabedoria.

Selecione e vivencie crenças que fazem bem e evite, como recomendava o Mestre, "árvores que produzam maus frutos".

Comece o dia tomando as rédeas da sua mente, inundando-a de pensamentos positivos. Mentalize, todas as manhãs, durante cinco ou dez minutos, pelo menos, mensagens de fé, otimismo, alegria e sucesso. Ou então ore a Deus para estas finalidades.

Não encare sua atividade, seja qual for, como uma luta contra alguém, ou contra uma marca, uma grife, uma indústria, um produto, uma loja, um time de futebol, um partido político, ou uma empresa. Luta supõe inimigo, ini-

**Riqueza é estado mental.**

migo é imagem de perigo, tensão e ódio, situações emocionais que levam o cérebro a liberar excesso de adrenalina, que acabará por gerar tensões, que produzem hipertensões, que causam estresse, que desemboca em depressão e que redunda em desânimo total.

O planeta é nossa casa, todos somos irmãos, e cada um está cumprindo missão benfazeja para o bem-estar da grande família humana.

Lembre-se que o sol nasceu para todos e as riquezas do universo são infinitas.

Não seja contra ninguém, mas A FAVOR DE SI MESMO, do seu empreendimento, do seu produto, da sua marca, do seu negócio, da sua mensagem.

Não vai lutar contra, mas vai agir entusiasticamente na conquista do seu sucesso.

No mundo há lugar para todos e todos são necessários: grandes, pequenos, médios, pesados, leves, vagarosos, rápidos, caros, baratos, de qualidade superior ou baixa, de grandes e pequenas tiragens, à vista e a prazo, de longe e de perto, enfim, faça o que fizer, há espaço para todos.

Não se trata sequer de competição e sim de competência, de saber fazer, embalar, mostrar, vender e colher.

Tome o exemplo de uma floresta: há árvores grandes, pequenas, médias, minúsculas, rasteiras, agarradas a outras árvores, parasitas, e todas vivem a sua vida, cada qual beneficiando o todo e o todo beneficiando cada uma.

A diversidade faz a ordem da natureza. É um exemplo da convivência humana.

Se você vive em estado de luta, vendo concorrentes armados até o pescoço, atirando flechas contra você, viverá em sobressaltos, tomado de desconfiança, cavando abismos, isolando-se, corroendo-se de inveja, medos e ciúmes, e os resultados serão doença e fracasso a médio ou longo prazo.

Sei que você é inteligente e quer sucesso não só nos negócios, como também no amor, na paz, no relacionamento, na saúde, na fraternidade, no serviço social.

Busque o lucro, mas não pela exploração.

A Lei básica das relações humanas é esta: "Faça aos outros o que quer que os outros façam a você".

Por outro lado, não pense que negócio é obra de caridade. O lucro é fundamental. Sem lucro, você se prejudica, prejudica seus funcionários, credores, vendedores, e terá que fechar as portas. Sem lucro, você não progride e o mundo progridirá menos sem sua participação.

Viva e deixe os outros viverem. Se praticar atos imorais, como criar monopólios, dumping, sabotagem, aviltamento de preços só para derrubar concorrentes, altas descontroladas e de cunho meramente exploratório, chantagens, estará incorrendo na Lei do Retorno: "Quem com ferro fere, com ferro será ferido". "De quem tira, será tirado", "Aqui se faz, aqui se paga", "Quem explora, será explorado", "Quem derruba, será derrubado".

Riqueza, em última análise, é estado mental. As riquezas do universo estão dentro de você, esperando materialização. Pensamentos de riqueza, sucesso, prosperidade, produzirão riqueza, sucesso e prosperidade. Trabalho é serviço, missão, contribuição para uma vida melhor, um mundo melhor, uma humanidade melhor.

Tenha sempre em mente que você é pessoa genial, inteligente, cheia de dons, capaz, com imensas qualidades, benquista, agradável, positiva.

James W. Newman escreveu: "Você é uma pessoa extremamente valiosa, digna, importante, embora nas atuais circunstâncias possa estar se sentindo o contrário".

Não deixe que as aparências obscureçam sua verdadeira realidade de filho de Deus, imagem e semelhança divina, dotado de poder e sabedoria ilimitados.

Cultive personalidade cativante.

Charles Schwab, executivo da indústria do aço, que ganha um milhão de dólares por ano, afirmou: "A personalidade é para o homem o que o perfume é para a flor".

Saiba escutar. Pare, olhe, sorria e escute.

Li que um levantamento recente indicou que um executivo industrial emprega: 9% do tempo, escrevendo; 30% do tempo, lendo; e 45% do tempo, ouvindo.

Num mundo onde tantos querem falar, reclamar,

lamuriar-se, chamar a atenção, aparecer - ouvir se torna excepcional qualidade. Ouça tranqüila e complacentemente os outros.

Tenha boa capacidade de comunicação. Seja agradável na conversa. Consiga expressar-se claramente, resumidamente, sem tomar muito tempo dos outros.
Como dizem popularmente, não seja uma mala. Mala é a pessoa que está sempre pendurada nos outros. Analise seu comportamento neste sentido, veja se não está invadindo a privacidade dos amigos, repare se não está se tornando inconveniente.

Jamais passe para terceiros segredos que lhe foram confiados por pessoas em razão da intimidade, da amizade ou do ofício. Mesmo que venha a romper a amizade ou o contrato, não seja mau caráter.
Não conte segredos se não quer que venham à tona. Há um velho ditado que diz que um amigo é um amigo até o dia em que deixa de ser.

Seja correto, coerente, verdadeiro.

Aja, exterior e interiormente, como aquela pessoa de sucesso que deseja ser.

## ATITUDE VITORIOSA

A atitude do homem de sucesso é a de quem nunca recua, a não ser para assestar melhor a pontaria.

Tem na persistência sua grande arma. Sabe que, se continua, necessariamente chega lá. Tem certeza de que está a um passo do resultado, por isso não pára. É como quem anda de bicicleta: se pára, cai. Ele vai em frente, com fé e alegria, porque quer chegar antes e festejar a vitória. Mas tem paciência e é tolerante consigo mesmo, pois admite que ninguém é de ferro.

O homem de sucesso não perde jamais de vista um detalhe da maior importância: mesmo a caminho, usufrui a vida, tira dela as melhores satisfações, e aproveita essas energias para robustecer o ânimo e firmar a caminhada.

O homem de sucesso faz do seu caminho o prazer da vida, aproveita o passeio, e comemora cada passo dado à frente.

# Capítulo 13

## SEGREDOS DO SUCESSO

O que está na cara não é segredo.
O que dá na vista não é segredo.
O que é sabido de todos também não é segredo.
Você conhece muita coisa sobre o sucesso. Mas há alguns segredinhos que deve saber.
Quanto mais detalhes sobre a estrada que você vai percorrer, tanto melhor.
Anote alguns segredinhos muito úteis:
PRODUZA MAIS E MELHOR DO QUE LHE SOLICITAM, em troca do que lhe pagam. Se você pede para lhe mostrarem a cor do dinheiro, que você mostrará a cor do seu trabalho, não está fazendo nada de especial. Mostre, acima de tudo, o seu trabalho, realizando-o com mais pro-

> Faça mais do que pediram e ganhará mais do que lhe pagam.

dutividade do que o esperado, e você estará marcando altos pontos de sucesso. Se faz somente o que pediram para fazer, o que sempre fez, ganhará apenas o que sempre ganhou. O segredo está no algo mais que você espontaneamente oferece, como prontificar-se para aquilo que os outros se negam, acrescentar mais algum tempo de serviço para produzir mais e melhor, oferecer sugestões para o melhor desempenho da empresa, coisas assim. Sua disponibilidade fará com que o aproveitem para algo de maior grandeza e responsabilidade, que é caminho indiscutível de maior sucesso.

EVOLUA A PONTO DE FAZER JUS A UMA POSIÇÃO MAIS ALTA. Aprender, especializar-se, render mais, saber mais, nunca é tempo perdido. Pelo contrário, é o melhor caminho para progredir e subir mais. Todas as empresas procuram, de lanterna acesa em pleno dia, pessoas inteligentes, criativas, dedicadas, eficientes e eficazes. Saiba que há sempre olhos perspicazes que enxergam quando você está apto a subir mais nos escalões da empresa.

É como diz a célebre frase: "Quando o aluno está pronto, o mestre aparece".

NÃO PONHA LIMITES À SUA ASCENSÃO. Seu valor e potencial são inesgotáveis. Se não se sente momentaneamente em condições de assumir posto mais alto, peça para assessorar por algum tempo quem já está nesse cargo.

Mas, não deixe de caminhar. Diz o velho ditado que o caminho se faz caminhando. Vá em frente. Se não experimenta, sequer pode saber se tem capacidade para tal cargo. Ninguém nasceu sabendo. Para qualquer pessoa, o cargo mais alto é sempre novidade e desafio. Invoque a Sabedoria Infinita, alegre-se, e suba. Disponha-se a aprender com os que sabem e a tirar proveito dos erros. Isso é tudo.
Lembre-se que pode quem pensa que pode.
Você está sempre avançando do saber para o não saber, do que não sabe para o que passa a saber. Na verdade, você se situa na fronteira entre sua competência e a incompetência. É bom compreender que todo ser humano é, no fundo, competente, porque a sabedoria habita o íntimo de cada um. Incompetência significa apenas o espaço existente entre o desconhecimento e o conhecimento. O desconhecimento é a potencialidade existente; o conhecimento é a clarificação da potencialidade. Portanto, toda pessoa é incompetente até o momento em que deixa de ser.
Basta você prosseguir na busca de novos conhecimentos e novos caminhos, que você chegará mais longe.

**VEJA O LADO BOM DE TUDO E DE TODOS.**
Não basta saber e fazer. Como você não é uma ilha, normalmente estará envolto no mundo das pessoas, lidando, trabalhando, negociando, tratando com elas. Significa que está circundado de temperamentos, personalidades, crenças, hábitos, mentalidades, formações e malformações. A

maneira mais sábia de administrar esse universo é ver o lado bom de tudo e de todos, bem como irradiar positivismo, otimismo, sabedoria e alegria, com simplicidade e generosidade. Todos terão prazer de estar com você, trabalhar com você e convidar você a uma função ou cargo, que, com certeza, será mais alto. Não se meta em críticas, fofocas, segredinhos desabonadores. Também não faça confidências de seus segredos íntimos, porque o outro ficará com um pedaço de você, que poderá usá-lo quando menos você o deseja. Seja luz, esta é a sabedoria da convivência.

VOCÊ É O SEU PODER. O que você quer, você pode. Você é sua força. Você é seu caminho. Você é sua luz. Jamais perca tempo e dinheiro com superstições, crendices, malefícios, forças ocultas. Você e o Deus que habita seu secreto são a força todo-poderosa, que tudo alcança e contra a qual nada nem ninguém pode. Você atrai o que acredita. Seja inteligente, só acredite no bem, no sucesso, no amor, na felicidade, na riqueza e num mundo melhor.

EQUILIBRE-SE FÍSICA, EMOCIONAL E ESPIRITUALMENTE. Tenha a mente arejada. Cultive crenças positivas e benéficas. Respeite as pessoas. Seja sensato. Tenha espírito de compreensão. Evite desgaste, estresse, depressão, histeria, instabilidade emocional. Dê importância ao lazer, ao descanso, ao amor, ao sol, ao bom humor, à natureza, à família, aos divertimentos.

INTERESSE-SE POR VOCÊ, POR SUA PROFISSÃO, PELOS COLEGAS, PELOS CLIENTES. Trate os outros como deseja ser tratado. O milagre da sabedoria está em que o seu amor nunca diminui por mais que o dê aos outros. Relacione-se bem. Isto não significa que deva fazer tudo pelos outros, em detrimento de si. O princípio da vida é que você é responsável por si, o outro por ele mesmo. Mas, em termos de sucesso, quanto mais você expande a sua dimensão, mais você abre o caminho do sucesso.

ATENDA AO PRINCÍPIO NÚMERO UM DO SUCESSO: ESTABELEÇA AS SUAS METAS, a curto, médio e longo prazo. Jogue-se na correnteza que o leva ao seu sucesso pessoal, convivendo maravilhosamente, durante o percurso, com pessoas e ambientes favoráveis.

INVISTA COM SEGURANÇA. Não faça loucuras com compras exorbitantes, empréstimos escorchantes, porque ficará preocupado, estressado, temeroso. A mente negativa atrai resultados negativos. As energias que usaria para promover os negócios e alcançar sucesso, terá que usá-las para apagar incêndios.

O sucesso exige mente positiva, cheia de grandes expectativas, iluminada pela fé nos resultados desejados, energia saudável e dinamismo entusiasta para a caminhada de cada dia. Agindo adoidadamente, acha que conseguirá manter um ritmo otimista, jovial e confiante? Pense bem e invista com segurança.

MOSTRE-SE. Quem não é visto não é lembrado. Até a galinha sabe disso: bota o ovo e anuncia ao mundo. Mostre o seu trabalho, mostre o seu produto, mostre suas qualidades e habilidades. O segredo já não é mais a alma do negócio, mas a propaganda. Quanto mais o mundo conhecer você, ou o seu produto, ou aquilo que você faz ou que tem a oferecer, maior e mais rápido será o sucesso. Se o seu negócio não permite usar os veículos de Comunicação, abra bem as portas e vitrinas, leve o produto até onde estão as pessoas, faça-se presente em lugares onde alguém possa interessar-se pelo que você tem a oferecer.

DELICIE O COMPRADOR. A cidade, o seu bairro, até mesmo a sua rua, podem estar inundados daquilo que você oferece ao consumidor. Mas há uma vantagem sua que ninguém tem: VOCÊ. Os outros oferecem o produto, mas você oferece mais, porque promove o produto, você e o consumidor.

Antes de tudo, some todos os pontos positivos a respeito do produto: qualidade, durabilidade, beleza, produtividade, rentabilidade, preço justo, utilidade, vantagens, benefícios; depois, some pontos sobre você: seja simpático, agradável, alegre, sorridente, amigo, sincero, honesto, cativante, verdadeiro, prestativo; boa apresentação de roupa, rosto, cabelos, higiene, etc; e o terceiro aspecto muito importante: delicie o comprador, ofereça sua amizade, prontifique-se a ensinar o uso do produto, interesse-se pelo ser humano que está comprando de você, preste-lhe pequenos favores, vá verificar se o equipamento está funcionando bem, atenda-o imediatamente em caso de problemas que dizem respeito ao produto vendido, enfim dê segurança, garantia e amizade ao comprador. Com esse segredo, você manterá seus clientes e ampliará mais e mais o número dos que virão a você.

Num mundo de pressões financeiras, estresse, mau atendimento, irresponsabilidades, golpes baixos, o que o comprador quer, acima de tudo, é segurança, certeza de que o vendedor é um aliado e não um explorador. Você é tudo o que deseja o comprador. Esse segredo levará você a enorme sucesso.

TUDO OCORRE PARA O MELHOR. Quem tem a mente ligada no sucesso, como é o seu caso, tudo concorre para uma situação melhor, na vida. Se você foi demitido, nada de se desesperar. Esse é o passo determinado pela Sabedoria Infinita para que se cumpra sua mentalização de sucesso. O Poder Divino está conduzindo você para o caminho da melhor realização dos seus ideais. Sinta-se em paz, tranqüilo, abençoe tudo que aconteceu de bom até esse dia, e volte-se, com fé e entusiasmo, para a nova etapa da vida, mesmo que ainda não saiba exatamente para onde será conduzido. Pessoas que deixam o emprego enraivecidas, odiando Deus e todo mundo, praticando chantagens e injustiças, estão fechando as portas do sucesso.

Mentalize a melhor fase da sua vida e, aconteça o que acontecer, será o caminho mais curto e mais sábio para sua auto-realização.

---

**Os outros oferecem o produto.
Você promove o produto, você
e o consumidor.**

---

# Capítulo 14

## AS REGRAS DO VENDEDOR DE SUCESSO

Todo ser humano é vendedor.

Você também está vendendo alguma coisa: sua idéia, seu produto, sua imagem, sua filosofia, sua religião, suas crenças, seus projetos, sua arte, sua presença, seu amor, seu sorriso, seu otimismo, seu positivismo, sua profissão, suas habilidades, seus dons, seus talentos, sua especialidade, sua voz, enfim o que quer que você diga ou faça, está vendendo a alguém. Não uso a palavra vender no sentido estrito de comercializar por dinheiro, mas significando que está passando algo a outrem. A essa transferência dou o nome, em sentido lato, de vender.

Normalmente, vender significa passar algo a alguém em troca de um valor estipulado.

Há vendedores de sucesso e outros que fracassam. Há bons e maus vendedores.

Vender é uma arte, que exige certas habilidades.

Vender é um caminho que requer certo percurso.

Vender depende de você e do outro, por isso é essencial que você se coloque não somente na sua posição como também na posição do outro.

Diz a velha sabedoria humana que todo negócio é bom quando é bom para os dois.

Como escreveu Emmet Fox: "O segredo da negociação bem-conduzida pode resumir-se numa frase: procura Deus em ambos os lados da mesa".

O maior vendedor é aquele que prova que o comprador está fazendo melhor negócio do que o próprio vendedor.

## VEJA AQUI AS REGRAS DO VENDEDOR DE SUCESSO

CONHEÇA PERFEITAMENTE O PRODUTO. - É importante que você conheça bem o produto. Você tem obrigação de explicar ao comprador o que você está oferecendo. Para isso, é necessário que conheça o que vende. O conhecedor do produto transmite segurança, honestidade, confiança, seriedade, que são fatores básicos para o fechamento do negócio. Se vai vender uma roupa, saiba sobre a grife, a qualidade, a fama, se confeccionada em algodão

---
Coloque-se também na posição do comprador.
---

puro, em linho perolado, seda natural ou sintética, assim por diante. Se é vendedor de carro, conheça bem o veículo para mostrar as qualidades, equipamentos, potência, sistemas computadorizados, inovações, diferenças em relação aos demais veículos do mesmo porte...

Deixe o comprador bem à vontade para examinar o produto e fazer as perguntas que julgar necessárias, porque, afinal, ele está empenhando dinheiro adquirido com suor e sacrifício e não quer errar.

FALE A VERDADE. - Por favor, só fale a verdade ao comprador, porque você pode enganar uma ou duas vezes, mas perderá o comprador para sempre.

Como a pessoa ludibriada vai contar a desgraça para todo mundo, seu empreendimento irá de mal a pior. Você pensava enriquecer na base de espertezas indevidas e os resultados a curto ou médio prazo serão catastróficos.

Diga as qualidades e utilidades e vantagens que o produto realmente possui, e diga todas, mas não seja falso e nem mentiroso, porque esse caminho negativo fatalmente levará, mais dias menos dias, a resultados negativos.

Se você acha que o produto infelizmente não detém as qualidades que estão sendo exigidas, ao invés de mentir procure o produto que as possua e passe a vendê-lo. Seja inteligente.

DÊ ÊNFASE AOS ASPECTOS QUE ATRAEM,

**INTERESSAM E FASCINAM O CLIENTE.** - Existem pessoas que se interessam pelo aspecto visual: a cor, a aerodinâmica, o estilo, o efeito visual, a beleza, o diferente, etc; outros são atraídos pelo auditivo e querem saber sobre o ruído, equipamentos de som, silêncio ou barulho explosivo, busina, coisas assim; há aqueles que dão primazia ao conforto: espaços generosos, bancos reclináveis, estofados adequados, molejamento suave, pneus que absorvem o impacto, ótimos e modernos limpa-vidros, ar-condicionado, pára-brisa que facilita a visão, som bem distribuído, pantalha contra o sol. Também prefere móveis práticos; roupas folgadas, coisas assim. O cinestésico quer saber sobre sensação, emoção, solidez, quente, refrescante, duro, fraco, pressão, suavidade, frescor, por aí. Existem os que se empolgam com o arrojo, o diferente, a potência, a velocidade, o barulho, o contraditório, o fantástico, o exorbitante, o chocante.

Se eu for comprar um carro, por exemplo, e o vendedor se esbalda em elogiar a potência e a velocidade do veículo, não vai me sensibilizar, porque prezo mais o conforto, a beleza, a segurança.

Procure conhecer o que entusiasma o comprador e não aquilo que empolga particularmente você. É lógico que a soma de todas as qualidades, sob todos os aspectos, será fator vigoroso para a venda, mas sempre há que ver o gosto especial do comprador. Se o cliente gosta de roupas claras, você está perdendo tempo em mostrar-lhe roupas escuras, por mais famosas que sejam.

É bastante comum ser oferecido ao outro algo que representa o gosto não do que recebe mas do que oferece. Já tem acontecido, por exemplo, alguém oferecer ao amigo visitante um churrasco daqueles, sem dar-se conta de que o amigo não come carne.

Estude um pouco de psicologia para saber o que interessa e atrai mais o comprador. Por via das dúvidas, descreva todas as qualidades e se detenha naquelas que chamam a atenção do cliente.

Não despreze as qualidades valorizadas pelo cliente, senão ele o mandará para caixa-pregos e você não cumprirá a essência do seu trabalho, que é vender.

SALIENTE AQUELE ALGO MAIS. - Levando em consideração produtos similares, mostre as vantagens a mais que seu produto oferece. Há aquele algo mais que você vai propiciar ao comprador e que o moverá a comprar o produto. Pode ser, se for o caso, a qualidade, a resistência, a durabilidade, a economia, o conforto, os recursos, a tecnologia, a automatização, a economia de tempo e de dinheiro, o melhor rendimento, a facilidade de assistência, a reposição de peças, os lucros que o comprador vai auferir, o prestígio, a admiração dos outros, a facilidade de pagamento, o preço mais barato, assim por diante. Como vendedor, você precisa provar que o comprador deve fazer este negócio com você.

Quando você vai vender, pense no comprador. Coloque-se na pele do comprador.

Não faça como certos vendedores que, literalmente, fazem de tudo para impingir o produto, porque o que lhes interessa não é a satisfação do comprador, mas unicamente a sua comissão.

Busque o interesse do comprador, porque a sua parte é decorrência natural.

Talvez o comprador pergunte: "Por que eu devo comprar o seu produto e não o outro similar, que é mais barato?"

Tenha a resposta correta e aponte as vantagens. Nem tudo que é mais barato é mais econômico. Prove que, no fim das contas, o seu produto acaba sendo mais barato que os similares, porque, por exemplo, é mais econômico, tem mais durabilidade e produz mais e melhor em menos tempo.

Trate o outro como se o outro fosse você.

**NUNCA PENSE QUE PERDEU TEMPO E DINHEIRO.** - Há hora de semear, hora de cultivar, hora de colher e hora de usufruir. Assim são os seus contatos com os clientes. Mesmo que o cliente, ao cabo de duas horas, entenda que não deve comprar, não se zangue, não xingue, não se chateie, não force, não reclame, não se lamente e muito menos ameace.

Lembre-se que você está semeando. Mantenha alegria, amizade, coloque-se sempre à disposição, deixe o comprador à vontade. Assim, estabeleceu uma ótima ponte para um próximo encontro. Se você for exaustivo, xarope, nunca mais encontrará esse cliente. Pode ter certeza de que ele "estará sempre viajando".

**DÊ ATENÇÃO IMEDIATA E SORRIDENTE AO CLIENTE.** - Mesmo que esteja atendendo outra pessoa, cumprimente o cliente que chega, saiba desde logo o que deseja, pois, se você não tem o produto, ele não perderá tempo na espera. Se você dispõe do produto ou serviço, solicite gentilmente que aguarde um momentinho. Enquanto seu cliente examina alguma coisa, leve amostras do produto solicitado pelo segundo comprador, para que aproveite o tempo fazendo verificações. Dessa maneira, você manterá este segundo cliente na sua loja, caso contrário, poderá perdê-lo. Há muitas pessoas que não suportam esperar ou não dispõem de tempo para tal e vão embora.

Já imaginou quanto dinheiro você, ou uma loja, perde com os prováveis compradores que vão embora, porque não querem esperar?

Lembre-se que o tempo é precioso para todo mundo.

A pior catástrofe ocorre quando o cliente fica esperando, enquanto o vendedor permanece lá no canto do balcão, contando para a colega sua última aventura com a namorada.

Não faça aos outros o que não quer que façam a você - é uma regra de ouro.

Conforme o tipo do seu negócio, ofereça alguma satisfação ao cliente que terá que aguardar. Por exemplo, passe-lhe o jornal, ou a última revista, ou convide-o a ler o jornalzinho interno com as promoções do mês, ou ligue televisão para entretê-lo, ou ofereça-lhe um cafezinho...

Hoje em dia, não basta promover um bom produto por um bom preço, porque é muito provável que o vizinho esteja oferecendo a mesma coisa, com as mesmas condições. Você deve agradar, encantar, deliciar o seu cliente. Então, ele preferirá você, porque se sente melhor.

Tempos atrás, todas as atenções se voltavam para o produto. Atualmente se voltam para o cliente.

Mais de quarenta por cento dos seus negócios você os perde por mau atendimento ao cliente.

Ponha em prática esse item e verá que seus lucros subirão.

NEGÓCIO NÃO É ATO DE CARIDADE. - Seu problema pessoal, ou sua situação financeira, não tem nada a ver com o negócio que pretende entabular com um cliente. Jamais argumente que o cliente deve comprar seu produto para ajudar a pagar as dívidas que você tem.

Se você disser: "Compre, porque estou passando

---

**Se você agradar o cliente, ele vai preferi-lo aos outros vendedores.**

necessidade", ele poderá responder: "Não compro, porque também tenho minhas necessidades". Este tipo de abordagem é horroroso em termos de negócio.

O cliente vai comprar porque o produto é ótimo, com preço ótimo, e satisfaz plenamente suas necessidades.

VALORIZE O CLIENTE. - Cumpra sempre o que promete. Chegue na hora combinada. Leve o que disse que ia levar. Mostre o que foi solicitado.

Lembre-se que o cliente não tem tempo a perder. Só use o tempo que for indispensável. Acerte o melhor horário para o cliente.

Se, por qualquer circunstância, não puder cumprir o estipulado, avise com antecedência e desculpe-se.

SEJA CONFIÁVEL E OTIMISTA. - Para cada tipo de negócio há uma imagem que deve ser passada ao comprador. Esteja de acordo com essa imagem. Acima de tudo, seja asseado, elegante, sorridente, positivo, otimista. Não fale em crise, falta de dinheiro, negócios parados, depressão, retração, porque estará espantando o comprador.

Seja a imagem do sucesso, e sutilmente você passará ao cliente a idéia de que o seu produto é de sucesso.

Se você for otimista e positivo, o cliente se sentirá mais seguro em fazer o negócio, principalmente se envolve muito dinheiro.

**ADORE O QUE FAZ.** - É inconcebível você realizar um trabalho em que está desarmonizado com ele. Pior ainda você vender algo que detesta. Mesmo que se empenhe sinceramente, sua irradiação será de repulsa.

Dedique-se a vender o que gosta, aprecia, acredita e, se for o caso, até usa. Vender esse produto é uma maravilha, deixa você em estado de graça. Estará, inclusive, remando a favor da correnteza e produzirá muito mais com menos esforço. As pessoas sentem o prazer e o valor que você dá ao produto e isso facilita enormemente o negócio.

Se você não está sintonizado com o negócio, ou o produto, analise-o sob todos os aspectos a fim de encontrar aquele algo que você gosta. Crie pontos de referência entre seu gosto e algumas qualidades ou nuances do produto. Uma roupa, por exemplo, pode ser analisada pela moda, pelo corte, pela arte, pelo estilo, pelo efeito visual, pelo realce à beleza física do cliente, pela grife, pela alegria do comprador, pelo sucesso que causa no público, pela comissão que proporcionará ao vendedor, pelos lucros da empresa, pelo salário que redundará no fim do mês, pelo progresso que causa à fábrica, pelos empregos que gera, assim por diante.

Se, mesmo assim, não supera a sua aversão pelo negócio, ou produto, estressar-se-á, entrará em depressão e não terá sucesso. O melhor caminho, neste caso, é buscar a atividade com a qual se afina, que lhe satisfaz, que torna gratificante o seu viver.

**MENTALIZE.** - Todas as manhãs, antes de iniciar sua atividade, concentre-se no secreto de si mesmo e visualize-se feliz, saudável e bem-sucedido na sua atividade. Harmonize-se consigo, com funcionários e colegas, com a empresa e os produtos, com as pessoas que encontrará na jornada do dia. Irradie amor, paz, felicidade, bem-estar, prosperidade, saúde. Veja-se radiante, bem-humorado, simpático, cercado de tantos compradores, e vendendo, vendendo, para sua alegria e dos clientes. Entre em estado de excitação e entusiasmo. E agradeça. Porque todas as coisas estão prontas quando a mente o está - dizia Shakespeare.

# Capítulo 15

## CRIE A SUA MARCA PESSOAL

Vendo o sucesso dos outros, você se entusiasma e tem vontade de seguir o exemplo. Analisa como procedem, o estilo de vida, as originalidades, os métodos, o comportamento, as crenças, os hábitos, a filosofia existencial. Lê a biografia dos vitoriosos e assinala os traços mais fortes. Assiste cursos e palestras de pessoas famosas e anota o que disseram, fizeram e aconteceram.

Tudo bem. Ótimo.

Agora surgem dois caminhos.

No primeiro, você entende que pensando, agindo e fazendo exatamente como aquele senhor bem-sucedido, será como ele. Copia tudo. Torna-se papel-carbono do seu herói. Põe em prática o mesmo projeto, usa o mesmo estilo e monta o mesmo empreendimento.

Ocorre que o outro é o outro e você é você.

O outro foi sucesso porque realizou, com sabedoria, amor, entusiasmo e dons pessoais, seu próprio projeto de vida.

Como não existe ninguém igual no mundo, identificar-se em tudo levará você a desviar-se do seu caminho. Não estará fazendo o que promove o seu sucesso, mas sim o que conduz ao êxito do outro. Há desvio de rota, já que você não tem o mesmo temperamento, a mesma personalidade, as mesmas aptidões e gostos, os mesmos sentimentos e emoções e nem sequer os mesmos ideais. Estará seguindo por uma via complicada e íngreme para chegar no outro e não em você.

Este procedimento é difícil e cansativo, por demais estressante, porquanto não é o caminho do seu prazer pessoal, mas do prazer do outro.

Digamos que o outro enriqueceu através de farmácia. Você vai também abrir uma farmácia igual, com o mesmo logotipo, o mesmo slogan, tudo igual. Só que o outro adora o negócio e você quer apenas imitá-lo para ter o mesmo sucesso, embora goste, de fato, de relojoaria.

Lembre-se que alcançar êxito deteriorando o nível de vida é péssimo negócio, resultando em estresse, depressão e algum tipo de enfermidade. Se você, por exemplo, quer ser cantor de sucesso e trata de imitar o Roberto Carlos, nas vestes, nos cabelos, na voz, no timbre, nas

**Seja original e atrairá
a atenção e curiosidade dos outros.**

canções, no ritmo, no microfone, nos gestos, no canto, nas músicas, nas letras das canções, no riso, ao invés de colher sucesso, colherá o desagrado de ser tido como plagiador, xarope, incompetente.

Pois bem, o segundo caminho é o mais adequado: de tudo que você viu, ouviu e leu, recolhe os princípios universais do sucesso e coloca-os em prática, imprimindo sua marca pessoal.

Há qualidades de homens bem-sucedidos que são essenciais a todos os que buscam o sucesso, como a alegria, a mente positiva, o otimismo, o entusiasmo, a fé, a coerência entre o pensar e o fazer, a criatividade, a persistência, a curiosidade, a especialização, a prática, a aparência.

Para efeito de treinamento e de fortalecimento de uma idéia, pode até começar imitando, principalmente naquilo que acende o seu entusiasmo. Em seguida, busque a sua própria originalidade, porque nela está o caminho do seu sucesso.

O mundo precisa do seu sucesso pessoal, porque o espaço de sucesso do outro já está preenchido.

Somente percorrendo seu próprio caminho você se realiza e acrescenta algo de especial ao mundo.

É claro que se você deseja ser cantor, seja cantor. O

---

**Percorra o seu caminho
e não o dos outros.**

---

que estou dizendo é que não seja Roberto Carlos, porque este espaço já está ocupado.

Se você quer ter livraria, pois este é seu sonho, seu prazer, sua especialização, monte livraria. O que não dá certo é você, cujo sonho é ser médico, montar uma livraria igualzinha à do Pedro, porque ele tem sucesso.

Tem gente que tem olho grande mas inteligência pequena: corre atrás dos negócios bem-sucedidos dos outros e acaba se dando mal, porque o outro é o outro e você é você. Se, por coincidência, ambos têm sonhos semelhantes, tudo bem, senão, tudo mal.

Não seja mero imitador barato.

Crie seu estilo pessoal.

Descubra sua marca original.

Se é negócio, ponha nele o seu jeito, o seu slogan, a sua marca.

Se você mesmo é o seu próprio produto (cantor, orador, locutor, conferencista, pregador, etc) crie estilo próprio, que marque sua presença e estabeleça relação entre você e seu público, (Exemplos: o boné do Milton Nascimento, o chapéu do Valdik Soriano, o voz do Cid Moreira, o terno dos pastores). Eu, por exemplo, sempre que me apresento em público, para palestras, uso batas que levam minha marca pessoal. Todos os que me assistem já sabem disso.

Não use, porém, estilo que desmereça sua imagem de sucesso ou que cause repúdio do público, porque colherá o contrário do que pretende. Também não seja daqueles gabolas que, para chamar a atenção, são capazes de pendurar uma melancia no pescoço. Bom senso é qualidade de sucesso.

A repetição fortalece a marca e gera processo de identificação. Aí está porque você vê por toda parte propaganda de marcas como Coca-Cola, Antártica, Kaiser, Brahma, Ford, Sony, Chevrolet, Volkswagen, etc. Tudo que é repetitivo, grava mais.

Se você, porém, usar a marca dos outros, lembrará os outros e não você. Seja original. Ouse ser diferente, simpaticamente diferente.

Não tenha medo de usar idéias em primeira mão.

Se descobriu uma nova verdade, mostre-a, mesmo sob tempestades de contestação.

Se esconder sua invenção, sua novidade, sua verdade, para não ser ridicularizado ou combatido, o mundo levará mais tempo para assimilá-la e usufruí-la.

O conhecido escritor irlandês Bernard Shaw (1856-1950), dramaturgo, Prêmio Nobel de Literatura, em 1925, escreveu: "Todas as grandes verdades começam como blasfêmias".

Li, certa vez, de Arthur Schopenhauer, filósofo alemão, (1788-1860), o seguinte: "Toda verdade passa por três etapas: primeiro, ela é ridicularizada. Depois, é violentamente antagonizada. Por último, ela é aceita universalmente como auto-evidente".

Seja original, ponha em ação seu espírito inventivo, porque então você estará trilhando seu próprio caminho, que não será incursionado por ninguém.

A originalidade deve nascer de dentro para fora e não o contrário, para que você se sinta bem, sinta-se integrado com sua marca, satisfeito por oferecer ao mundo sua grife interior.

**Seja original. Crie seu estilo pessoal.**

# Capítulo 16

## SUCESSO COM FELICIDADE

Sucesso sem felicidade é corpo sem alma.
Sucesso com felicidade é a plenitude.
Felicidade é sentir-se bem consigo mesmo, com a humanidade, com o universo e com Deus.
Sucesso, repetindo, é alcançar objetivos positivos por meios positivos.
Buda dizia que a felicidade está na isenção de desejos, porque, segundo ele, o desejo cria ansiedade, inquietação, frustração, fatores mentais que prejudicam a paz interior.
A intenção do grande espiritualista é boa, porém ele partiu de uma conclusão incompleta, negativa, para traçar a causa equivocada. Não são os desejos que causam inquietação, frustração, ansiedade, mas os pensamentos de inquietação, frustração e ansiedade é que causam inquietação, frustração e ansiedade.
A vida, o progresso, o sucesso, os valores espirituais, o reino dos céus são resultado do desejo. Existem

desejos que não podem ser relegados.

Os desejos cheios de fé são tranqüilos, alegres, infalíveis, portanto não afetam a paz de espírito.

Na verdade, são os desejos que acionam o mundo.

Felicidade é estado mental. Deseje felicidade, mentalize felicidade, visualize felicidade, acredite na felicidade e você será feliz, porque esta é a lei da mente.

Felicidade é estado de ser.

Felicidade é estado mental.

Felicidade é a essência da vida.

Seja feliz hoje e sempre.

E, feliz, siga em frente pelos caminhos do sucesso e da auto-realização.

Sucesso e felicidade não se excluem. Pelo contrário, devem fundir-se para plenificar o ser humano.

Sinta-se bem consigo mesmo, com a humanidade, com o universo e com Deus.

Isto é ser feliz. Simples.

**Sucesso e felicidade fundidos, plenificam a vida.**

# Capítulo 17

## SUCESSO COM SAÚDE

Alcançar sucesso com prejuízo da saúde é péssimo negócio.

Colocar no ringue o sucesso contra a saúde é idiotice.

Pretender conciliar sucesso com doença é o mesmo que tentar a amizade do fogo com a pólvora: explode tudo.

Saúde é qualidade do sucesso, portanto não pode ser desacatada e nem dispensada.

Muita gente, no entanto, vai à luta, sem descanso e sem trégua, queimando todos os cartuchos, emendando dia e noite, na expectativa de chegar logo no território benfazejo do sucesso. Errou o caminho.

O sucesso só é perfeito com saúde.

Alcançar o resultado sem poder usufruí-lo é frustração.

É possível atingir o sucesso com ótima saúde?

Não só é possível como é necessário.

A única pessoa que pode alcançar sucesso com a morte é o agente funerário.

# ESTRATÉGIA DO SUCESSO COM SAÚDE

Primeiramente, saiba que o sucesso nunca pode estar desacompanhado da saúde. Não havendo saúde, não há sucesso.

A Medicina científica e a ciência do Poder da Mente ensinam que todos os pensamentos negativos, crenças negativas, emoções negativas, sentimentos negativos, atitudes negativas - agem sobre o cérebro levando-o a liberar hormônios maléficos, como a adrenalina, o cortisol e a noradrenalina, que, além do mais, enfraquecem o sistema imunológico.

Pensamentos e sentimentos de raiva, de ódio, ressentimentos, inveja, desespero, preocupações, tristeza, ciúme, desânimo, medo, solidão, hostilidade, competição, luta, sofrimento, depressão, agitação, agressividade, pânico - bloqueiam a imunologia, predispondo o organismo às doenças.

Além disso, o corpo tem um biorritmo que deve ser atendido. Corpo é energia e você não pode gastar energias sem repô-las.

Se vai à luta como condenado, a ferro e fogo, querendo abranger o mundo com as mãos, na garra e na marra, você se mata trabalhando, literalmente.

> **Corpo é energia. Ao gastá-la, deve repô-la.**

Há pessoas que emendam o dia com a noite, se alimentam mal, bebem, fumam, usam estimulantes para aumentar a resistência física e mental e se esquecem da necessidade de refazer as energias gastas. Neste caso, o corpo vai combalindo, envelhece prematuramente e, na hora de festejar o sucesso, não tem forças para mais nada.

Você mesmo conclui que, assim, não há sucesso verdadeiramente.

Invocando novamente a Medicina, também é verdade científica que pensamentos, sentimentos, atitudes, crenças, sugestões, hábitos e situações positivas atuam sobre o cérebro levando-o a liberar hormônios altamente benéficos, como a endorfina, a oxitocina, a dopamina. Essas atitudes fortalecem o sistema de defesa do organismo, robustecendo a saúde.

É o que acontece com a pessoa alegre, feliz, agradável, positiva, otimista, sorridente, cheia de fé, autoconfiante, corajosa, idealista, entusiasta, otimista, alto astral, animada, irradiante, amorosa.

A pessoa de sucesso é saudável porque vivencia as qualidades citadas e mantém atitudes positivas.

Sem dúvida, há momentos em que se faz necessário queimar energias, colocar o organismo em vigorosa tensão,

**Faça sucesso com saúde.**

enfrentar aguerridamente uma situação perigosa ou urgente, mas são situações e não uma forma de vida. Você, no caso, está tenso, mas não é tenso. Passado o episódio inusitado, volta ao equilíbrio mental e físico.

Diz o Dr. John Schindler que as emoções negativas produzem verdadeira devastação no organismo, ao passo que as emoções positivas trazem benefícios tão grandes que ele nunca viu resultado igual em nenhuma droga ou conjunto de drogas do seu conhecimento.

Existem duas formas naturais saudáveis de recuperar as energias desgastadas pelas atividades físicas e mentais: o sono reparador (sem comprimidos) e o relax. Aproveite até mesmo pequenos espaços de tempo para cochilar ou para relaxar. Pode ser no seu gabinete de trabalho. Acredito até que o industrial, o lojista, o profissional inteligente, deveria instalar uma pequena salinha privativa para seus momentos de descando.

Lembre-se que a calma é a virtude dos bons negócios, porque melhora a capacidade de decisão.

Assim como depois da tempestade vem a bonança, depois do dia vem a noite, procure alternar tensões com relax, agitação com calma, pressa com vagar, trabalho com descanso, estado de vigília com sono, seriedade com ale-

---
**O sono e o relax são maneiras naturais de repor energias.**
---

gria, sacrifício com prazer.

Por nada deste mundo deixe de acreditar em si, no seu empreendimento, na humanidade, em Deus.

Tenha sempre a certeza do seu sucesso e mantenha a alegre expectativa de que está caminhando rápido para ele.

Mentalize a alegria de viver, a felicidade, a paz de espírito, a saúde física, mental, emocional e espiritual.

Se é verdade que deve amar o próximo, não é menos verdade que o próximo mais próximo de você é você mesmo. Não expanda suas atividades sociais, clubísticas, institucionais, filantrópicas, religiosas, a ponto de prejudicar sua saúde.

É bom saber que o único próximo sobre o qual deverá prestar contas e responsabilizar-se integralmente é VOCÊ. Atenda bem a esse próximo. Até porque terá que conviver com ele pelo resto da vida.

São, ainda, fatores de saúde: a caminhada, a diversão, o lazer, a ginástica, o esporte adequado, a natureza, a dança, o sexo, a praia, o montanhismo, porque restauram energias, baixam o colesterol nocivo (LDL) e aumentam o bom colesterol (HDL), equilibram o funcionamento do organismo, fazem o cérebro liberar endorfina, dopamina, oxitocina, hormônios que produzem bem-estar. Como o cére-

---

O riso e a alegria são
fatores de saúde e sucesso.

---

bro se comunica com o sistema imunológico, e vice-versa, essas atitudes revigoram as defesas orgânicas.

E, para completar, está comprovado pelos imunologistas Lee Berk, William Fry e outros que o riso é uma preciosidade para a saúde: facilita a digestão, relaxa os músculos, dilata as artérias, torna a pele corada, dá brilho aos olhos, oxigena o cérebro e os demais órgãos, acaba com o estresse, a depressão, a angústia, previne problemas cardíacos, além de fortalecer o sistema imunológico. Não é à toa que a sabedoria humana diz que rir é o melhor remédio.

Por último, aproveite o sol (nas horas benéficas), porque sua luz sobre os olhos estimula o cérebro a liberar serotonina, hormônio que previne a depressão. Além disso, baixa o colesterol nocivo transformando-o em vitamina D, reduz o açúcar do sangue e baixa a pressão.

Tenha sucesso com saúde.
Tenha saúde com sucesso.
Aí está a sabedoria da vida.

# Capítulo 18

## SUCESSO COM AMOR

Existe uma crença de que o amor é incompatível com o sucesso.

Feliz nos negócios - infeliz no amor.

Essa não é a regra, mas a exceção. Dá mais na vista porque há pessoas de projeção pública que alcançaram grande sucesso na vida, mas são infelizes no amor.

Amor é necessidade vital.

Antes de tudo, amor por si mesmo e comunhão de amor com todo universo.

A vida é amor. Viver é amar.

Seja amor. Ser amor é sentir o prazer de existir.

Essa energia produz um halo em torno de você que atrai amizades, convites, companhias.

Não dê vida à idéia de que o amor atrapalha o seu sucesso. Há pessoas que imaginam que amar é perder o precioso tempo que deveriam dar à realização das metas ambicionadas. O tempo dedicado ao amor, pensam, se fosse empregado na empresa ou no projeto, renderia mais dinheiro, mais progresso e mais sucesso.

É assim que muitos deixam o amor para depois.

As conversas, em qualquer lugar e com qualquer pessoa, giram em torno de cifras, de fatos ocorridos no seu pequeno mundo, de cursos, entrevistas, livros sobre o empreendimento, viagens de negócios, contatos, coisas assim. Como os outros não têm, normalmente, entusiasmo e interesse por sua empresa e por sua especialização, você acaba se tornando pessoa mais ou menos suportável.

Se alguém sente atrativo por você, aproxima-se, mas pode esmorecer o entusiasmo na primeira conversa.

Você, se é assim, nem se dá conta dessas atitudes, porque está falando sobre aquilo que tanto preza, que tanto o entusiasma, que o envolve totalmente, mas, para outras pessoas, pode não ter o menor interesse.

Faz-me lembrar o que escreveu o poeta inglês John Donne sobre uma mulher: "Pelo amor de Deus, cale a boca. Deixe-me amá-la".

Existem aqueles que agüentam uma vez, porque pegos desprevenidos, outros mais heróicos suportam quatro vezes, mas todos acabam desistindo.

E viver anos com uma mulher, ou um homem, as-

**Não deixe o amor
para depois do sucesso.**

sim? Nem pensar.

Pode ser que seja essa a causa da infelicidade no amor de tanta gente de alta posição no mundo econômico, artístico e social.

Pois bem, você terá sucesso na vida, na riqueza e no amor também.

Para isto, reinvente a si mesmo neste momento. Imagine-se uma pessoa amorosa, romântica, simpática, tranqüila, em paz, capaz de usufruir horas de conversas sobre intimidades, sensibilidades, abrindo mais as dimensões das suas idéias sobre a vida, o mundo, a alegria, a natureza, as coisas boas em geral.

Quando está curtindo a companhia de alguém, fale amenidades, assuntos agradáveis aos dois, de interesse de ambos, solte-se, sorria, expresse carinho, gentilezas, simpatia.

Quando em rodas amigas, se mulher, seja alegre, atenciosa, sorridente, agradável, simples, afável, capaz de seguir a conversa do grupo. Se alguém da roda balançou o seu coração, estenda o olhar, sorria, seja acolhedora, mostre o seu prazer de estar com aquela companhia, mas não seja espalhafatosa ou insistente, porque, em primeiro lugar, você está numa roda de pessoas; em segundo lugar, o outro pode querer preservar-se em público. Em outro momento,

> **Seja sucesso na vida,
> na riqueza e no amor.**

volte a conversar com seu eleito e fazê-lo sentir que gostou muito dele. Se ele não avançar, tudo bem. Se curtirem apenas essa oportunidade, tudo bem. Não esquente a cabeça. Não seja daquelas que correm o tempo todo à caça de marido porque, nesse caso, é melhor colocar um cartaz no pescoço: "Procuro marido. Tenho pressa".

Circule em lugares onde você vai encontrar pessoas cujo nível de vida, de crenças, de status, se conciliem com seu modo de ser e com sua busca.

Diz o velho ditado que quem não é visto não é lembrado. Apareça.

Se é tímida, ou ansiosa, ou sem auto-estima, mentalize, gravando no seu subconsciente a imagem que quer de si mesma: "Eu sou alegre, feliz, bonita, elegante, de ótima aparência, simpática, de conversa agradável e fluente. Minha fisionomia, meu corpo, meus cabelos, minha roupa, formam um conjunto que me torna atraente e querida. Sou sorridente e deixo aberta a porta do meu coração para as pessoas que eu gosto e que gostam de mim. Estou atraindo bons amigos e, principalmente, o Amor da minha vida. Assim é e assim será".

Se você é do sexo masculino, seja simpático, agradável, positivo, otimista, boa cabeça, educado, atencioso, participe das conversas em rodas amigas, saiba um pouco de tudo e não apenas meia dúzia de gírias. Seja sorridente, já que o sorriso é a distância mais curta entre as pessoas.

Se, no grupo, na roda de conversa, na reunião social,

no banquete, na festa, na recepção, alguém tocou seu coração, dê, sem exageros, mais atenção a essa pessoa, sorria, elogie, aproxime-se, dialogue, convide para qualquer coisa por aí, escute com atenção o que ela fala e, sem ser importuno, mostre que gosta de estar com ela.

Se estão só os dois juntos, pode começar elogiando um detalhe, uma qualidade dela. Pode até começar com assuntos que estão empolgando sua vida profissional no momento, mas não seja exaustivo, porque vai perder a amiga. Mude de conversa para assuntos do interesse de ambos e vá abrindo seu coração, sua sensibilidade, sugerindo pelos olhos, gestos, posição, palavras, conforme as situações se oferecerem, dando a ver e sentir o quanto você está gostando dela.

Se você é tímido, existem gestos sutis que dão a entender, sem exporem você. Por exemplo: olhares especiais, tocar a pessoa seguidas vezes. A linguagem corporal fala também: mover-se com certas insinuações, sorrir espontaneamente, posições corporais expressivas, mexer e brincar com os cabelos, molhar os lábios com a ponta da língua, e outras atitudes da moda, além do caminho direto através de palavras explícitas. Afinal, se você emite opinião sobre tudo e sobre todos, por que não dá a sua opinião sobre o interesse que a pessoa despertou em você, sua

> Aprenda a vencer a timidez e será sucesso no amor.

emoção, o carinho que tem por ela, a vontade de acariciar. O máximo que pode acontecer é um não que, para sua confusão total, pode significar não e pode significar sim.

Esses gestos e atitudes insinuantes também valem para ela, quando quer dizer algo ao homem.

Resumindo, dedique-se também a cultivar o amor, o prazer da convivência, ainda que fugaz, porque essas experiências lhe serão gratificantes, já que lhe trazem alegria, boas lembranças, amizades e, provavelmente, casamento.

Lembre-se que o amor dá um toque mágico à vida, rejuvenesce o corpo e a alma, libera tensões, produz belo círculo de amizades e abre caminho para um casamento bem-sucedido.

Para concluir, cito algumas palavras escritas por Sanaya Roman e Duane Packer: ''Dê às pessoas tanto amor quanto puder. Seja gentil e bondoso, fale palavras amorosas, perdoe os que não o respeitarem e tenha pensamentos amorosos em relação às outras pessoas e respeite-se em tudo o que você faz. Não julgue nem critique. Em vez disso, em todos os momentos encontre uma nova oportunidade de amor. Lembre-se: é fácil ser amoroso quando se está cercado de pessoas amorosas; o desafio é ser amoroso quando as pessoas à sua volta não o são. Ao tratar os outros

**Ame-se, ame
e irradie amor.**

com amor e compaixão, você atrai oportunidades, dinheiro, pessoas, milagres e, até mesmo, amor. O amor o coloca num fluxo superior e atrai coisas boas até você. Ao abrir o seu coração em novas áreas, você torna-se magnético para uma abundância e um bem cada vez maiores''. (Criando Dinheiro e Prosperidade).

 Amor atrai amor.

 O semelhante atrai o semelhante - é lei da mente.

 Reconheça que você é criatura maravilhosa, única no universo, obra-prima do Criador, cheia de qualidades, dons e valores, por isso jamais se julgue inferior, desinteressante e rejeitada. Isso é apenas deturpação da sua própria mente e não sua legítima verdade.

 Ame-se, ame e irradie amor.

 Assim, será pessoa de sucesso nas metas, na vida e no amor.

# Capítulo 19

## SEJA UM SUCESSO

A suprema aspiração da criatura humana é não só ter sucesso, mas SER sucesso.
Ter sucesso é alcançar positivamente algum objetivo.
Ser sucesso é plenificar exitosamente todas as dimensões da vida.
É o máximo.
É alcançar o melhor no todo. Envolve o ser, o ter, o fazer e o viver.
O dinâmico empreendedor Stew Leonard disse, certa vez: "acredito que sucesso é você ser o melhor de si mesmo".
Para que você seja sucesso, cuide dos seguintes aspectos:
1) Assinale todos os seus sonhos na vida, acredite neles, e caminhe para a realização deles, com certeza imbatível.
2) Conserve sempre a mente positiva, alegre, otimista e bem-humorada. Veja somente o lado bom de tudo e de

todos. Levante bem-disposto e passe o dia confiante.

3) Seja feliz aqui e agora, isto é, sinta-se bem consigo mesmo, com a humanidade, com o universo e com Deus.

4) Cultive sua dimensão espiritual, praticando uma religião nobre, positiva e benéfica. Ligue-se no Deus que é amor, paz, felicidade, bondade, justiça, generosidade, poder, sabedoria, perfeição, saúde e abundância infinita. Respeite a religião dos outros, mas só pratique crenças que elevem seu espírito e engrandeçam a sua presença na terra, fortalecendo a fraternidade humana.

5) Guarde equilíbrio emocional. Resista aos invejosos, maldosos e desonestos com o sorriso da condescendência. O sorriso é elo de ouro que liga as pessoas. Use e abuse dele.

6) Compreenda a situação dos outros.

7) Cuide de sua saúde. Esteja em boa forma, pleno de energia.

8) Durma bem, nas horas necessárias, com sono natural e saudável.

9) Tenha boa capacidade de comunicação.

10) Seja calmo, atencioso, sorridente, benévolo.

11) Seja honesto, justo e correto nos negócios e na vida.

12) Ame-se, ame, e sinta-se amado. Amor é luz, é

---
Não somente tenha sucesso,
mas também seja sucesso.

---

energia, é saúde, é bem-estar. O amor libera endorfina, produz alegria, fortalece o sistema imunológico, restabelece a saúde e a juventude.

13) Seja asseado, limpo, e se vista segundo a sua imagem de sucesso.

14) Tenha a sua residência ao estilo do seu padrão de sucesso.

15) Use um carro que seja símbolo do seu sucesso.

16) Faça parte de clubes em que conviverá com pessoas de sucesso. A convivência ajuda a criar hábitos, aprender muita coisa e gerar vínculos de proveitoso relacionamento.

17) Cultive a simplicidade, a boa vontade, o respeito e a consideração para com todas as pessoas, independentemente da escala social. Não permita que a fumaça do sucesso suba à cabeça. Nada pior do que ser acusado de ter o rei na barriga.

18) Atualize-se. Evolua com o mundo. Participe de seminários, palestras, e sirva-se dos Meios de Comunicação para acompanhar o progresso e as mudanças da humanidade.

19) Perdoe sempre. A si mesmo e aos outros. Jamais carregue os males do passado, sejam os que você cometeu ou os que os outros praticaram contra você. Passado é passado. Perdoar é desligar o mal que se fixou na mente. É necessidade vital para sua saúde, alegria e bem-estar.

20) Pratique, o mais que puder, a vida ao ar livre:

caminhadas, ginástica, natação, praia, sol, montanhismo, trilhas ecológicas, futebol, tênis, volei, basquete, ou outros esportes, de acordo com a idade, o estado de saúde e a indicação médica.

21) Anote e lembre-se do aniversário de pessoas amigas, colaboradores, benfeitores, familiares, assim como também das pessoas com as quais negocia e às quais deve gentilezas. Um cartão ou telegrama é método fácil.

22) Pratique voz agradável, risada de bom efeito social, sem exageros, sofisticação ou afetação.

23) Transmita bom humor e descontração. Evite, porém, piadas que desmereçam os outros, que ridicularizem religião ou partido político, que menosprezem defeitos físicos de alguém, que expressem racismo, porque são chistes de mau gosto e criarão constrangimentos ou inimizades. O riso e a alegria são benéficos mas não podem ser alcançados por meios indevidos. Trate o outro com se o outro fosse você.

24) Acredite em si, na vida, na economia, na humanidade, na evolução, num mundo cada vez melhor.

25) Por fim, onde quer que esteja, faça o que fizer, seja qual for a situação, acredite que a vida é uma festa.

## AGORA TUDO É SUCESSO

Parabéns, você acaba de ingressar na fase mais bonita e grandiosa da sua vida.

Seus caminhos estão abertos, ensolarados, floridos, perfumados, asfaltados.

Você está cheio de energias, positivo, otimista, confiante.

Suas metas são excitantes.

O entusiasmo explode fogos de artifício no seu coração.

Sua fé é capaz de transpor montanhas.

Suas manhãs são vívidas e cheias de belas expectativas.

Seus dias são uma caminhada festiva.

Seu mundo é fascinante.

Suas certezas são absolutas e imbatíveis.

Seu sorriso, nascido na mente, vivificado no coração e irradiado no corpo, é o seu reino dos céus.

Seu Poder criador tudo lhe alcança.

Sua Sabedoria interior o conduz com segurança.

O sucesso é seu destino infalível.

Sua vida é sucesso.

Você é sucesso.

# OUTRAS OBRAS DO AUTOR

## O PODER INFINITO DA SUA MENTE
### 328ª EDIÇÃO
(192 páginas)

Lançado em 1980, esta obra tornou-se, desde logo, um dos maiores best sellers do Brasil. Já traduzida em várias línguas, continua sucesso em outros países.

O autor ensina, de forma simples e profunda, as pessoas a usarem as forças interiores, para resolver os problemas e alcançar os grandes objetivos da vida.

## O PODER INFINITO DA ORAÇÃO
### 86ª EDIÇÃO
(184 páginas)

Aqui, você vê o outro lado da oração: a força infinita, nela contida, que produz a cura de doenças incuráveis; que produz a solução de problemas insolúveis; que abre caminhos inimagináveis; que realiza o milagre; que evita o acidente; que acalma o espírito; que protege no perigo. (Lançamento: 1988)

## CONHECE-TE E CONHECERÁS O TEU PODER
### 23ª EDIÇÃO
(184 páginas)

A melhor e mais completa obra de auto-conhecimento, analisando a dimensão total do ser humano: corpo, mente, espírito, divindade, coração emocional, paranormalidade. Ainda: o homem em interação com a humanidade, com o universo e com Deus. (Ano de Lançamento: 1991)

## AS REGRAS DA FELICIDADE
### 16ª EDIÇÃO
(160 páginas)

Apresenta os 32 princípios essenciais que formam o caminho simples e seguro para você viver a felicidade que sempre buscou.

Leia este livro e dirá que a vida é realmente uma festa.

(Ano de lançamento: 1992)

## VOCÊ TEM O PODER DE ALCANÇAR RIQUEZAS
### 44ª EDIÇÃO
(222 páginas)

Aqui você encontrará o caminho da riqueza, o mapa da mina e a chave do Tesouro Infinito. De forma simples, clara e fácil, os 10 passos para você conseguir tudo o que deseja da vida.

O trabalho constrói; o pensamento enriquece.

(Lançamento: 1986)

## OS PODERES DE JESUS CRISTO
### 40ª EDIÇÃO
(278 páginas)

Sucesso extraordinário. Uma obra maravilhosa. Capítulos: Chegou a era de Jesus – Fenômenos que marcaram o aparecimento de Jesus – As fontes dos poderes de Jesus – A manifestação dos poderes de Jesus – Métodos de cura usados por Jesus – A fé é o mais poderoso método de cura – Os fenômenos paranormais ou sobrenaturais – Profecias e predições do futuro – Jesus transmite os seus poderes.

(Lançamento: 1982)

## SÓ O AMOR É INFINITO
### 18ª EDIÇÃO
(272 páginas)

Este é o ROMANCE que você nunca esquecerá.

Você percorrerá uma história cheia de ternura, de idealismo... de conflitos, de paixões e de generosidade.

No campo da literatura – é uma obra-prima. Adquira hoje mesmo e certifique-se desta verdade.

(Lançamento: 1988)

## O PODER INTERIOR
### 67ª EDIÇÃO
(102 páginas)

Nesta obra, a pessoa percorre 40 dias no deserto místico de si mesma, para alcançar a saúde física, mental, emocional e espiritual. Durante 10 dias, são feitas meditações para a libertação dos males da mente...

Nos 10 dias seguintes, libertar-se-á dos males do coração.

Nos outros 10 dias, dedica-se a debelar os males do corpo.

Nos últimos 10 dias, encontra a alegria de viver.

(Lançamento: 1982)

## O PODER DO JOVEM
### 73ª EDIÇÃO
(128 páginas)

Este é um livro fantástico para o jovem. Leva-o a enfrentar a vida com fé, com otimismo, com segurança e com a firme certeza das suas qualidades e do seu sucesso. Resolve os problemas que mais angustiam a juventude e exerce uma força todo-poderosa sobre a mente do jovem, conduzindo-o a ser um vitorioso na vida, na profissão, no amor, em tudo.
(Lançamento: 1982)

## A CURA PELA PALAVRA
### 50ª EDIÇÃO
(220 páginas)

Obra apreciadíssima. A Cura Pela Palavra é uma força todo-poderosa, capaz de libertar você de doenças e dificuldades.
Lembre-se que você também tem o poder de realizar o seu próprio milagre.

(Lançamento: 1984)

## O PODER DA INSPIRAÇÃO
### 30ª EDIÇÃO
(90 páginas)

Neste livro, Lauro Trevisan publica poesias maravilhosas, todas elas encerrando mensagens positivas, de poderosa energia vital.

(Lançamento: 1982)

## OS OUTROS PUDERAM VOCÊ TAMBÉM PODE
### 34ª EDIÇÃO
(204 páginas)

O título já explica o conteúdo. Nesta obra são apresentados muitos depoimentos de pessoas que alcançaram, através da fé, usando as leis mentais, a cura de doenças graves e a solução dos seus problemas financeiros e de amor.

(Lançamento: 1985)

## PÉTALAS DE VIDA
**23ª EDIÇÃO**
(116 páginas)

Cada mensagem é como a flor que embeleza a sua alma e perfuma a sua estrada, tornando feliz o seu viver.

Cada página contém uma mensagem sábia e poderosa, em forma de versos.

As ilustrações coloridas embelezam ainda mais este bonito livro.
(Lançamento: 1982)

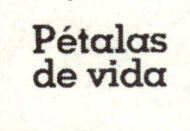

## PENSAMENTOS DE VIDA E FELICIDADE
**32ª EDIÇÃO**
(88 páginas)

Este livro encerra uma coletânea de pensamentos positivos e poderosos extraídos de programas radiofônicos realizados na Hora da Ave-Maria. É uma fonte perene, na qual você beberá vida e felicidade, sempre que quiser.

(Lançamento: 1981)

## AS CRIANÇAS QUE FIZERAM O TEMPO VOLTAR
**17ª EDIÇÃO**
(110 páginas)

Esta é mais uma obra infantil, lançada em 1984. Enorme sucesso. É uma história gostosa, cheia de encantamento, de fantasia, de ternura e de maravilhosos ensinamentos positivos para a criançada.

## NO REINO DA PATA LECA
**15ª EDIÇÃO**
(80 páginas)

Este livro, todo cheio de páginas coloridas, é um encanto para a garotada. Todo escrito em versos simples e fáceis, letras grandes, conta uma história fascinante, que tanto vem agradando a criançada.

(Lançamento: 1982)

## VIAGEM A DOIS PLANETAS
**16ª EDIÇÃO**
(60 páginas)

Você, que gosta de ler Saint-Exupéry, Richard Bach e outros semelhantes, vai encontrar, neste livro, uma linda e preciosa mensagem através da narração de uma história. Os dois planetas da mente são percorridos, numa nave estranha, por um personagem. Você está habitando um destes dois planetas interiores.

(Lançamento: 1980)

## O HOMEM SÓ
**16ª EDIÇÃO**
(32 páginas)

Polé detestava o mundo e as pessoas, pois achava que eles eram o seu inferno.

Fugiu para as montanhas a fim de livrar-se dessas desgraças. E aí aconteceu algo de memorável na vida dele.

Esta é uma história de rara beleza literária, escrita sob um influxo superior.

(Lançamento: 1980)

## ENCICLOPÉDIA MALUCA
**18ª EDIÇÃO**
(142 páginas)

O riso é o dom maravilhoso que só existe na criatura humana. O riso é o elixir da vida.

Rir – dizem os cientistas – é ainda o melhor remédio. Lauro Trevisan dedicou-se, nesta obra, a uma aventura gostosíssima: Fazer você rir.

(Lançamento: 1980)

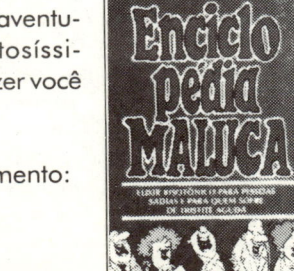

## PODE QUEM PENSA QUE PODE
**44ª EDIÇÃO**
(128 páginas)

Neste livro você realizará as duas maiores descobertas da humanidade: primeira, que existe um Poder Infinito no âmago do seu ser; segunda, que este poder é acionado pelo PENSAMENTO. Não deixe de ler este livro. Vai ensinar-lhe a livrar-se das depressões, das obsessões, das doenças físicas, do estresse, da pobreza, das privações e de tantos males que lhe tiram a alegria de viver.

(Lançamento: 1982)

## O SEGREDO DA OUTRA VIDA
### 17ª EDIÇÃO
(72 páginas)

Quem não sofreu a dor da perda de um ente querido?

Aqui está uma linda mensagem de otimismo e confiança, descrevendo o nascimento, a vida e a vida-após-a-vida, com ternura, poesia e elevação superior. É um livro de 72 páginas, letras grandes, 30 ilustrações, que você lê em 15 minutos. Adquira-o, pois ele falará por você, quando falharem as palavras diante do sofrimento de quem parte e de quem fica. (Lançamento: 1989)

## UMA HISTÓRIA DE AMOR
### 11ª EDIÇÃO
(80 páginas)

As crianças vibraram de alegria com este livro infantil, que conta uma linda história de duas crianças, que moravam no alto de uma montanha, e esperavam o Papai Noel naquele Natal. Só que ele avisou que não tinha o nome daquelas crianças na sua lista e, por isso, dessa vez, não poderia chegar lá. Aí aconteceu um milagre.

Tem muitas ilustrações coloridas, letras grandes, o que facilita a leitura e a torna atraente. (Lançamento: 1980)

## SABEDORIA DE CADA DIA
### 26ª EDIÇÃO
(200 páginas)

Esta é uma obra útil e prática, contendo 180 meditações positivas, bonitas e benéficas, extraídas da sabedoria interior, capazes de levantar o astral e criar energias poderosas para o dia-a-dia.

Lançado em maio de 1990, o livro é apresentado em 3 modelos: simples, semi-luxo e luxo, este com capa de couro.

## SEM PENSAMENTO POSITIVO NÃO HÁ SOLUÇÃO
### 14ª EDIÇÃO
(184 páginas)

Este livro levará você à conquista dos seus grandiosos sonhos. Com certeza. Você estará sempre em busca de soluções. Tomar o caminho certo é essencial, para não perder tempo, dinheiro e vida. Este livro conduz você à solução dos seus problemas e ensina o caminho que leva aos resultados positivos desejados. Leia-o.

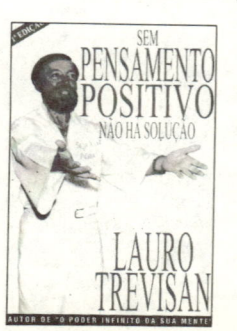

## AQUÁRIUS
## A NOVA ERA
## CHEGOU
### 20ª EDIÇÃO
(126 páginas)

Este é o livro do Terceiro Milênio.

Lançado em janeiro de 1991, esta obra exercerá irresistível fascínio sobre o público, porque traz uma visão fantástica e profunda sobre a Nova Era que está nascendo.

Tema atualíssimo, escrito com objetividade, profundidade e estilo jornalístico.

## A VIDA
## É UMA FESTA
### 21ª EDIÇÃO
(156 páginas)

Mostra ao ser humano que a vida não é luta, nem sofrimento, nem renúncia – mas sim uma linda festa.

Ler este livro significa reencontrar o paraíso, perdido em meio às preocupações, desenganos, equívocos e preconceitos.

(Lançamento: 1991)

## JESUS – PRECURSOR
## E ANUNCIADOR
## DA NOVA ERA
### 13ª EDIÇÃO - (184 páginas)

LAURO TREVISAN, um dos mais profundos e respeitáveis estudiosos da NOVA ERA, traz, nesta obra, a GRANDE VERDADE, que empalidecerá os fanáticos e abrirá os caminhos da humanidade do presente e do futuro.

Impregnado de intuição, vidência e sabedoria, o livro faz o fantástico salto de 2.000 anos – como o fez o Mestre Jesus – e aponta a grande ERA que está surgindo. A mais clássica e legítima leitura sobre a NOVA ERA. (Lançamento: 1993)

## LIÇÕES
## POSITIVAS
### 17ª EDIÇÃO
(176 páginas)

Em Lições Positivas, LAURO TREVISAN aborda, com seu agradável estilo bem-humorado, muitos aspectos da vida humana, oferecendo mensagens que ajudam a resolver dificuldades, problemas e sofrimentos, e mostram o caminho simples e fácil para que a vida se torne uma caminhada bem-sucedida, feliz e maravilhosa.

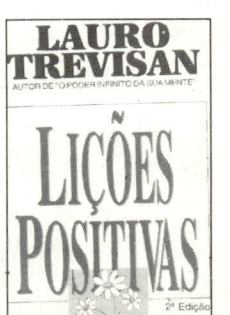

(Lançamento: 1993)

## OTIMISMO & FELICIDADE
(Lançamento: 1994 – 160 páginas)
**14ª EDIÇÃO**

Mostra que o otimismo e a felicidade são qualidades essenciais para uma vida bem-sucedida. É preciso ser feliz para viver plenamente o dia de hoje e é necessário ser otimista para assegurar o sucesso de hoje e do futuro.

## A FÉ QUE REMOVE MONTANHAS
(Lançamento: janeiro/95)
**15ª EDIÇÃO**
(168 páginas)

Estupendo! A fórmula definitiva daquele poder que move montanhas, cura doenças, produz milagres e tudo alcança.

## O PRÍNCIPE QUE QUERIA CASAR
**5ª EDIÇÃO**
(64 páginas)

Nesta história gostosa, para crianças de 7 a 70 anos, desfilam as famosas princesas dos contos de fada, aguçando a agitada fantasia infantil. Um sucesso. Em cores. Formato: 28 x 21 cm.

## O EXPRESSO BALNESUL A UM PASSO DA ETERNIDADE
Lançamento: agosto/95
**7ª EDIÇÃO**
(216 páginas)

Você está nesta viagem carregando seus sonhos doirados e conflitos existenciais e, de repente, a iminência da maior catástrofe ferroviária...
Alegria! Emoções! Prazeres! Ódios! Conflitos! Felicidades! Amor! Sabotagem! Perigo!
O mundo de todas as idades no expresso da vida. Você vai adorar.

## EXPLODA A CRISE FAÇA SUCESSO
Lançamento: janeiro/96
**11ª EDIÇÃO**
(184 páginas)

"EXPLODA A CRI FAÇA SUCESSO" é o livro de LAURO TREVIS Mostra, de forma clar fácil, que o SUCESSO verdadeiro caminho do humano e ensina co agir para que tal aconte Seja qual for o tamanho crise, chegou a hora de plodi-la e arrancar par melhor etapa da vida.

## AME
## OU VOCÊ MORRERÁ
## NO PRÓXIMO DOMINGO
(Labçamento: janeiro/97)
**10ª EDIÇÃO**
(232 páginas)

Este é o 36º livro de LAURO TREVISAN. Escritor, conferencista, empreendedor, especialista na ciência do Poder da Mente, vendeu mais de dois milhões de exemplares. Esta obra busca todas as dimensões do amor e procura colocar este dom maior do ser humano ao alcance de todos.

## CURE-SE
## VOCÊ É SEU
## PRÓPRIO REMÉDIO
**11ª EDIÇÃO**
(328 páginas)

O novo livro de LAURO TREVISAN.
O caminho para o uso de todas as forças curadoras.
Um verdadeiro guia da saúde.
(lançamento: Janeiro de 1998).

## RIR É O
## MELHOR REMÉDIO
**6ª EDIÇÃO**
(120 páginas)

Rir é o melhor remédio é
uma coletânia
de piadas que fazem
até os mais sérios
darem boas gargalhadas.

## VIVA
## A VIDA
**7ª EDIÇÃO**
(146 páginas)

Tudo o que você faz e consegue
exteriormente é ótimo desde que,
pessoalmente, esteja celebrando
festivamente o milagre da vida.
Viver a vida é a mensagem deste
livro.

## COMO USAR SEU PODER PARA QUALQUER COISA

7ª ed. (176 pág.)
Ref. 140

Este livro quer ensinar o caminho e facilitar as coisas para as pessoas que estão dispostas a explorar o poder interior. Por exemplo, como se livrar da depressão, emagrecer, ser feliz, ser positivo o tempo todo, ter ótima relação com os filhos, ser feliz no casamento, enriquecer, ter sucesso, apresentar-se em público, vencer os medos, assim por diante.

## APRESSE O PASSO QUE O MUNDO ESTÁ MUDANDO

(208 pág.)
Ref. 141 - 5ª Edição

Este livro marca a fronteira entre o velho mundo material e o novo mundo mental e espiritual. Ao atravessar a divisa, você se encontrará com a sua dimensão interior mais alta e conhecerá as leis que apontam o caminho da felicidade, do amor, do sucesso, da abundância e da saúde. Leia-o e divulgue-o, então a humanidade lhe será grata.

## EU adolescente

Ler este livro é entrar na alma do **adolescente** e repensar o **adulto**

**LANÇAMENTO EM AGOSTO DE 2001**
4ª EDIÇÃO
(144 páginas)

IMPRESSÃO:
**GRÁFICA EDITORA Pallotti**
IMAGEM DE QUALIDADE
Santa Maria - RS - Fone/Fax: (55) 3220.4500
www.pallotti.com.br